TEACH YOURSELF BOOKS

Beginner's ITALIAN

Beginner's
ITALIAN

Vittoria Bowles

Advisory Editor: Paul Coggle
University of Kent at Canterbury

TEACH YOURSELF BOOKS

For UK orders queries: please contact Bookpoint Ltd, 39 Milton Park, Abingdon, Oxon OX14 4TD. Telephone: (44) 01235 400414, Fax: (44) 01235 400454. Lines are open from 9.00-6.00, Monday to Saturday, with a 24 hour message answering service. Email address: orders@bookpoint.co.uk

For U.S.A. & Canada order queries: please contact NTC/Contemporary Publishing, 4255 West Touhy Avenue, Lincolnwood, Illionois 60646-1975, U.S.A. Telephone: (847) 679 5500, Fax: (847) 679 2494.

Long-renowned as the authoritative source for self-guided learning – with more than 30 million copies sold worldwide – the *Teach Yourself* series includes over 200 titles in the fields of languages, crafts, hobbies, sports, and other leisure activities.

British Library Cataloguing in Publication Data
A Catalogue record for this title is available from the British Library

Library of Congress Catalog Card Number: 92-80891

First published in UK 1992 by Hodder Headline Plc, 338 Euston Road, London NW1 3BH.

First published in US 1992 by NTC/Contemporary Publishing, 4255 West Touhy Avenue, Lincolnwood (Chicago), Illinois 60646 – 1975 U.S.A.

Typeset by Transet Ltd, Coventry.
Printed in Great Britain for Hodder and Stoughton Educational, a division of Hodder Headline Plc, 338 Euston, Road London NW1 3BH by Cox & Wyman Ltd, Reading, Berkshire.

Impression number   28 27 26 25 24 23 22 21 20 19
Year   2005 2004 2003 2002 2001 2000 1999

CONTENTS

Introduction to the course

Italians respond well when foreigners – however imperfectly – speak Italian to them, and will often go out of their way to assist and communicate. A basic knowledge of the language will not only help you feel at ease in the host country but also make your stay there easier and more rewarding by saving time and avoiding unnecessary complications. An acquaintance of mine, visiting Italy with no knowledge of Italian, was directed by a helpful passer-by to an imposing building, guarded by armed uniformed police, when he had asked (or thought he had asked) for the nearest public toilets! Recounting this when back home no doubt provided amusement but it must surely be more satisfying to have a better understanding and control of the situation.

The purpose of this book is to enable you to achieve basic two-way understanding with Italians in uncomplicated practical everyday situations. Remember that being able to communicate in any language requires confidence and this can most easily be obtained through practice. Take every opportunity to listen to and, more importantly, to speak your new-found Italian. Do not be put off by any mistakes you may make; if you have spoken and understood the response then you have achieved communication – and that is the name of the game! This book is a first step which when mastered will provide a foundation on which, should you wish, a deeper knowledge and understanding of the Italian language and culture can be built.

How the course works

This course is divided into two parts, each of which has ten units: Part One deals with what are termed language *functions*, that is each unit covers particular principles of the language that are common to many different situations. It is important that you tackle the first ten units **thoroughly** and in the order in which they are presented. Practise them until they become second nature and only then proceed to Part Two of the book. The units in Part Two expand on and better illustrate the points made in Part One in addition to introducing further topics. These units may be studied in whichever sequence you prefer.

Making the most of the course

The following rules of thumb are intended to make the language learning process as effective and rewarding as possible.

- The best way to achieve good results in the shortest time is to treat language-learning as a serious hobby/project. Devote a certain minimum amount of time, say thirty minutes, to it **every day**. Regular study is the secret.

- Should you feel at times that you are not progressing as well as you would wish, have patience with yourself: one's learning rate is variable. There will be 'good days' and 'not so good days'. Always wait until you are confident of the material covered so far before moving on to the next stage.

- It is important that you speak the language as you learn it. In this respect learning a language is like learning to drive: reading and learning the driving manual is certainly important but without practising the driving skills you cannot learn to control a car.

- Talk to yourself aloud (warn the family first!), repeating vocabulary and sentences and imagining the various situations you encounter in the book. It would be of great benefit to learn with a friend so that you can act as a sounding board for each other. If you have a friend who knows some Italian talk to him or her.

- If you have the cassette which accompanies this book, record your voice and compare your pronunciation with that on the tape. Ask yourself, and practise saying, the names of things in Italian.

- Train your ear to respond to the sound of the language by listening to Italian tapes as much as possible: in the car, while working indoors or in the garden.

- Make sure that the book is always to hand so that you can refresh your memory about anything you find you are unsure of.

- Include plenty of periods of revision in your learning programme to ensure that what you have learnt becomes firmly implanted in your memory.

If you follow these guidelines and remember that it does not matter if you make a few mistakes in getting the message across, then you will be a successful student.

About symbols

This indicates that the cassette is recommended for the following section.

This indicates dialogue.

This indicates exercises – places where you can practise using the language.

This indicates key words or phrases.

This indicates grammar or explanations – the nuts and bolts of the language.

This draws your attention to points to be noted.

A few words about the tape

- Although this book can successfully be used on its own, the purchase of the cassette will enhance both your pronunciation and your comprehension abilities as well as giving you the opportunity for aural revision.

- While you are working with the units in Part One of the book start by listening to the tape, trying to understand what is being said. Go over each dialogue bit by bit with the assistance of the **Key words and phrases** until you are confident that you understand every word; make full use of the pause and rewind buttons on your cassette recorder.

- In Part Two you are advised to listen to the tape first. Try to get the gist of what is being said and only then use the book to complete your understanding.

 # Pronunciation guide

Italian is always pronounced as it is spelt. Once you have learnt the following rules relating to how the letters and vowels sound you will find the pronunciation of every new word quite straightforward.

It should be noted that, with very few exceptions, all true Italian words end in a vowel and that all vowels must be pronounced – including an **e** when it occurs at the end of a word. The Italian alphabet has only 21 letters: **j, k, w, x** and **y** are used only in foreign words.

If you have the tape listen to it and repeat aloud each sound and the Italian words given in the examples.

The English sounds given opposite as a guide are those used in standard Southern English.

Vowels

a	as **a** in *bath*	casa, artista
e	has two sounds:	
	as **e** in *well*	bello, vento
	as **e** in *they*	verde, penna
i	as **i** in *machine*	lira, pizza
o	has two sounds:	
	as **o** in *not*	posta, opera
	as **o** in *fort*	totale, somma
u	as **u** in *rule*	turista, luna

Consonants

c	has two sounds:	
	before **e** or **i**,	cena, ciao
	as **ch** in *chilly*	
	before **h, a, o,** or **u**,	chiave, cosa, scusi
	as **ch** in *chemist*	
g	has two sounds:	
	before **e** or **i**,	gentile, giardino
	as **g** in *gentle*	
	before **h, a, o,** or **u**,	gondola, spaghetti
	as **g** in *garden*	
h	is never pronounced. When it follows **c** or **g** it gives them a *hard* sound (see letters **c** and **g** above).	
r	is always *rolled* as in Scotland	carne, raro
s	has two sounds:	
	as **s** in *set*	sicuro, sì
	as **se** in *rose*	rosa, musica
z	has two sounds:	
	as **ts** in *pets*	grazie, stazione
	as **dz** in *tzar*	zero, zona

Double consonants

These are pronounced as the single consonant but with a slightly longer sound. See if you can produce/hear the difference:

pala, palla; dona, donna; soma, somma; papa, pappa; caro, carro.

Combined letters

ch	as **ch** in *architect*	chiave
gh	as **g** in *get*	spaghetti
gli	as **lli** in *million*	gigli
gn	as **ni** in *onion*	bagno, signora
qu	as **qu** in *quality*	quando, quadro

sc   has two sounds:
when followed by **e** or **i**,   scialle, scena
as **sh** in *shoe*
when followed by **h, a,**   scuola, scolaro
o, or **u**, as **sk** in *sky*

Stress

As you know, many words consist of two or more *syllables* joined together, for example **bi-cy-cle**. When you pronounce a word you put stress on, that is you emphasise, a particular syllable of the word. **Bi**-cy-cle, for instance, is stressed on the first syllable and sounds very odd if the stress is wrongly placed.

Getting the stress in the right place is an important aspect of making yourself understood in a foreign language, but it is relatively easy in Italian, as most Italian words are stressed on the syllable before last, as in bi-ci-**clet**-ta. When the stress falls on the last syllable an accent is placed above it: città, qualità.

Sometimes the stress is on the third or even the fourth syllable from the end and as there is no fixed rule for these words you will have to memorise them. In this book a dot below the stressed syllable is used to help you with such words.

✳ Some advice on mastering pronunciation

If you find some difficulty in pronouncing a word try to relax as much as possible (particularly the facial muscles) and divide it into syllables: **cameriere**, *waiter*, will become **ca-me-rie-re**. However, it is not important that you should acquire perfect pronunciation immediately. The aim, as previously mentioned, is to be understood. Here are a number of techniques for learning pronunciation:

1 Listen carefully to the cassette, native speakers or teachers. If possible repeat the dialogues aloud pretending that you are a native speaker of Italian.
2 Tape record your voice and compare your pronunciation with examples spoken by native Italians.
3 If possible ask native speakers to listen to your pronunciation and tell you how to improve it. If in great difficulty with a particular sound ask a native speaker how it is formed. Watch how they shape it and then practise it in front of a mirror.
4 Make a list of words that give you pronunciation problems and practise them.
5 Practise the sounds on their own and then use them progressively in words, sentences and tongue-twisters such as **tre tigri contro tre tigri** (three tigers versus three tigers).

✔ ——————————— **Pratica** ———————————

Practise aloud the names of the places below and check on the map on page 8 to see where they are:

Aosta	Ancona	Torino	Perugia
Genova	L'Aquila	Milano	Roma
Trento	Napoli	Trieste	Bari
Venezia	Potenza	Bologna	Catanzaro
Firenze	Palermo	Pisa	Capri
Siena	Ischia	Cagliari	San Gimignano

ITALIA

0   Miles   100

1

COME STA?
How are you?

In this unit you will learn

- how to say hello and goodbye
- how to exchange greetings
- how to say please and thank you
- how to ask people to speak more slowly
- how to make a simple apology

Prima di cominciare: *before you start*

Read the introduction to the course on pages 1–4. This gives you some useful advice on how to make the most of the course.

Different people have different ways of learning: some need to know rules for everything, others like to feel their way intuitively. In this unit you will be able to find out what works best for you; look out for the symbol ✳ which indicates a useful hint or tip.

If you have the tape 📼 that goes with this book make sure you have your tape-recorder next to you so that you'll be able to listen to the correct pronunciation of the new words. If you don't have the cassette the section **Pronunciation guide** on pages 4-7 will help you.

✔ Attività: *activity*

Can you think of any Italian words such as the words for hello and thank you? If you can, say them aloud, and then look at the section **Parole e frasi chiave** below to check the answers.

Parole e frasi chiave:
key words and phrases

If you have the tape, look back at the section **A few words about the tape** in the introduction to find out how to listen to the key words and dialogues.

Da dire e da capire: *to say and understand*

buongiorno	good morning/good day/good afternoon
buonasera	good evening/good afternoon
buonanotte	good night
arrivederci	goodbye/see you soon
arrivederla	goodbye/see you soon
ciao	hello/hi/so long/cheerio
signore	Sir, gentleman
signor	Mr
signora	Madam/Mrs/Ms/lady
signorina	Miss/young lady
sì	yes
no	no
per favore	please
grazie	thank you (this can be used after **sì** as well as after **no**)
prego	you're welcome! don't mention it!
prego?	pardon? (if you want something to be repeated)
scusi	sorry/excuse me (also used to attract someone's attention)
mi dispiace	I am sorry/I beg your pardon
come sta?	how are you?
bene, grazie	well, thank you
e Lei?	and you?
molto bene, grazie	very well, thank you
non troppo bene	not too well
non c'è male	not too bad (**c'è** is pronounced as **che** in **che**rry)
parlare	to speak
parla inglese/italiano?	do you speak English/Italian?
parli più lentamente	speak more slowly
va bene	OK/all right

❋ There are several way of learning vocabulary. Find out the way which works best for you; here are a few suggestions:

1 Say the words aloud as you read them.
2 Write the words over and over again.
3 Study the list from beginning to end, then backwards.
4 Associate the Italian words with similiar sounding words in English.
5 Associate words with pictures or situations, e.g. **buongiorno, buonasera** with shaking hands.
6 Use coloured pencils to underline or group words in a way that will help you to remember them.
7 Copy words on to small cards or slips of paper, English on one side, Italian on the other. Repeatedly shuffle and reverse them so that the words are presented in random order. Give the English word if the Italian is presented and vice versa.
8 If you have the tape listen to it several times and at the end of each dialogue try to imagine the situation of the conversation and see if you can remember what to say.

Dialoghi: *dialogues*

Listen to (or read) the following dialogues before practising them as suggested.

▤ *Dialogo 1*

Signora Verdi	**Buongiorno signor Brunetti.**
Signor Brunetti	**Buongiorno signora Verdi. Come sta?**
Signora Verdi	**Bene, grazie. E Lei?**
Signor Brunetti	**Molto bene. Arrivederla signora.**
Signora Verdi	**Arrivederla.**

Play the parts of both signora Verdi and signor Brunetti and repeat the dialogue until you are confident about it.

While reading these dialogues remember to make the question and exclamation marks heard. (See item 4 of **Spiegazioni** on page 13.)

📼 *Dialogo 2*

Mr Jones	**Scusi, parla inglese?**
Signorina Bini	**Sì, molto bene.**
Mr Jones	**Parli più lentamente, per favore!**

Now play the parts of both Mr Jones and the signorina, paying particular attention to pronouncing the question. Can you repeat this dialogue without looking at it?

📼 *Dialogo 3*

You	**Buonasera signora, come sta?**
Signora Massa	**Non troppo bene.**
You	**Mi dispiace!**
Signora Massa	**E Lei, come sta?**
You	**Non c'è male, grazie.**

Read the above dialogue several times until you have learnt the sentences and are absolutely sure of the meaning of each word.

📷—— Spiegazioni: explanations ——

1 Greetings

Buongiorno (or **buon giorno**) is used until about four o'clock in the afternoon after which **buonasera** (or **buona sera**) is used. Both greetings are used when meeting or leaving someone. **Buonanotte** (or **buona notte**) is only used when taking one's leave at night or before going to bed.

2 Goodbye

Arrivederci is used when taking leave from a person you wish to or may see again; you could also use it when leaving a shop. **Arrivederla** is more formal and is used to show greater regard for the person. **Ciao** means both *hello* and *goodbye*, and is used only among close friends, members of one's family and with children, as it is very informal.

—— 12 ——

3 Mr and Mrs

Remember that **signor** means *Mr* so it's always followed by a man's name. (When addressing a man without using his name use **signore**.) When *calling* or *talking to* a person in a formal way one says: **signor** Verdi, **signora** Verdi, **signorina** Verdi. When referring to yourself (in a formal way) or others you will say **il signor...**, **la signora...**, **la signorina...**: **io sono la signora Nelson**. In Italian it is quite polite to call a young woman who is not married **signorina** but the tendency is to call an adult woman **signora** whether she is married or not.

4 Questioning

To ask a question in Italian you simply raise the pitch of your voice at the end of the sentence and in writing, you end with a question mark as in English.

5 Lei/tu: you

E Lei? e means *and*, **Lei** means *you*. When talking to one person there are two ways of saying *you*: **Lei**, written with a capital letter, must be used for a formal address and **tu** for close friends, children and family.

Pratica: *practice*

1 How would you say hello to the following people at the times shown? Remember to add **signore, signora, signorina**.

   (a)   (b)   (c)

— 13 —

2 It is late at night and you decide to go to bed. What would you say to your host?

arrivederci   mi dispiace   buonanotte

3 A street seller is trying to sell you an oriental carpet, but you are not interested. What do you say?

prego   mi dispiace   no, grazie   arrivederci

4 A lady inadvertently drops a banknote on the pavement; you wish to attract her attention. What do you say?

_____ .

She turns and you point at the note on the pavement. She thanks you. What do you answer?

_____ .

Now she asks you a question: you don't hear it properly. What do you say?

_____ .

You are still uncertain of what she is saying: she is speaking too fast. What do you ask her to do?

_____ ____ _____ , **per favore.**

She wants to know if you speak English: what does she say?

____ _____ ?

5 Use the clues to complete the grid and find, in the vertical shaded box, a word which is used when you want someone to repeat something which you have not quite heard or understood.

(*a*) You've spilt some wine – you begin your apology ...
(*b*) You greet someone after 4pm
(*c*) The answer to **grazie**
(*d*) You are asked **come sta?**
(*e*) What you add when asking a favour?
(*f*) And you?

(*a*)
(*b*)
(*c*)
(*d*)
(*e*)
(*f*)

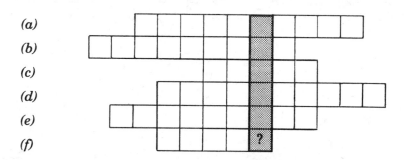

L'Italia e gli italiani: *Italy and the Italians*

Italians tend to shake hands to greet each other. If they are close friends they may kiss on both cheeks: this happens particularly on special occasions such as meeting after (or leaving for) a long time, weddings, funerals and other important or solemn situations.

If you ask 'Come sta?' you may not always get the standard answer 'Bene grazie, e Lei?' You may get instead a series of complaints about their blood pressure or duodenal ulcer in which case you are advised to nod and shake your head for a reasonable amount of time, pretending that you perfectly understand and commiserate, and then try to manoeuvre the conversation to a more pleasant topic.

✔ Un piccolo test: *mini test*

What do you say if:

1 You wish to attract someone's attention.

2   You meet an Italian acquaintance in the late afternoon.
3   Someone thanks you.
4   You want something repeated.
5   You step on someone's foot.
6   An acquaintance asks how you are and you wish to know how he/she is.
7   You wish to know whether a shop assistant speaks English.
8   Someone is speaking too fast.

Check the answers to **Un piccolo test** under Risposte at the end of the book. If you've got them all right you are ready to move on to Unit 2. If you found the test difficult, spend more time revising Unit 1. Follow this principle throughout Units 1-10, and you'll know that you are building up a reliable bank of knowledge.

2

COME SI CHIAMA?
What's your name?

In this unit you will learn

- how to say who you are
- how to ask who other people are
- how to deny something
- how to enquire about someone's nationality and to tell them of your own

Prima di cominciare

✱ Sometimes a letter will be shown with a dot below it (ẹ): this indicates where the stress is to be placed in a word that does not follow the rules given in the **Pronunciation Guide** (see notes on stress, page 6).

☑ Attività

Do you remember how to:

1 Ask someone how he/she is?
2 Say 'Not too bad'?
3 Greet a lady in the evening?
4 Ask someone to speak more slowly?

5 Say 'I beg your pardon!'?
6 Ask someone to repeat something?
7 Take your leave before retiring to bed?
8 Ask someone if he/she speaks Italian?

 ———— **Parole e frasi chiave** ————

Learn this section by concealing the English side and trying to remember the meaning of the Italian words, then cover the Italian side and give the Italian words for the English ones. Practise until you can remember it all without the occasional peek at the hidden side.

 Refer back to page 11 for the various ways of learning vocabulary.

Da dire e da capire	
come	how
si chiama	you are called; he/she/it is called
mi chiamo	I am called (literally: I call myself)
chi?	who?
è	you are; he/she/it is
chi è Lei?	who are you?
chi è lei?	who is she?
chi è lui?	who is he?
che	who/whom/which/that
(io) sono	I am
non	not
(io) non sono	I am not
non è	you are not; he/she/it is not
questo è...	this is...
il bambino	the child (boy)
la bambina	the child (girl)
piacere	pleased to meet you
si accomodi/s'accomodi	come in
soltanto	only
ma	but
mia moglie	my wife
nostra figlia	our daughter
straniero	foreigner

Remember that **chi** is used in questions; and also that **che** can never be omitted as it sometimes is in English: **la lingua che parlo** *the language (that) I speak.*

As well as *come in* **si accǫmodi** (usually shortened to **s'accǫmodi**) can mean *sit down, make yourself comfortable, make yourself at home*. When speaking to more than one person you say **s'accǫmodino**.

Dialoghi

Sergio and Francesca are having a party at their home in Genova. The guests mingle and chat to each other.

Dialogo 1

Paolo Marchi	**Come si chiama?**
Jackie Jones	**Mi chiamo Jackie Jones. E Lei, come si chiama?**
Paolo Marchi	**Io sono Paolo Marchi.**

Dialogo 2

Mr Dean	**Scusi, Lei è la signora Pucci?**
Angela Chiarella	**No, non sono la signora Pucci.**
Mr Dean	**Come si chiama?**
Angela Chiarella	**Mi chiamo Angela Chiarella.**

📼 *Dialogo 3*

Angela Chiarella	Chi è la signorina che parla inglese?
Mr Dean	È Susan White. Lei parla inglese?
Angela Chiarella	No, mi dispiace ma non parlo inglese; parlo soltanto italiano.

📼 *Dialogo 4*

Sergio	Questa è mia moglie Francesca.
Mr Dean	Piacere.
Francesca	Piacere.
Mr Dean	E la bambina, chi è?
Sergio	Questa è nostra figlia; si chiama Valentina.

 ———————— **Spiegazioni** ————————

1 Nouns

In Italian, names for men usually end in **-o** (**Sergio**) while names for women usually end in **-a** (**Angela**). Most names for things end either in **-o** or **-a** (**museo** *museum*, **mamma** *mum*). When ending in **-o** they are called masculine nouns (**vino** *wine*) and when ending in **-a** feminine nouns (**banca** *bank*). This distinction is called *gender*.

Some nouns end in **-e**: these can be either masculine or feminine and you will learn these as you meet them (**tenore** (m) *tenor*, **voce** (f) *voice*).

2 il, la (the); un, una (a, an, one); questo, questa (this)

Il is used before masculine nouns (**il treno** *the train*, **il cane** *the dog*, **il libro** *the book*) and **la** before feminine nouns (**la posta** *the mail*, **la mamma** *the mum*, **la voce** *the voice*).

Un is used before masculine nouns (**un treno** *a train*, **un**

signore *a gentleman*) and **una** before feminine ones (**una lettera** *a letter*, **una penna** *a pen*).

Questo, and **questa** are used before masculine and feminine nouns respectively:

questo		**il** duomo **un** ombrello		the cathedral an umbrella
questa	è	**la** banca **una** chiesa	this is	the bank a church

3 Verbs

Words that express *action* or *being* such as **parlo, sono,** and **è** are called *verbs*. To deny something just put **non** before the verb: **sono tedesco** *I am German*, **non sono tedesco** *I am not German*.

In English verbs are often preceded by words such as *I, you, he, she,* etc.; these are called *subject pronouns*. They are not used in Italian (except for the formal **Lei**) unless special emphasis is required: *io* **sono il signor Verdi**, *Lei* **chi è?** (or, because in Italian the word order can be more flexible, you could say **Chi è Lei?**).

If you consult the dictionary to look up the verb *to speak* you find **parlare**. This form of the verb does not indicate who is doing the action; it is called the *infinitive* of the verb. In Italian infinitives fall into three groups: verbs ending in **-are** (e.g. **studiare** *to study*) which are the majority, verbs ending in **-ere** (e.g. **vendere** *to sell*) and verbs ending in **-ire** (e.g. **partire** *to leave*).

When speaking about yourself in the present (*present tense*), you change the ending (**-are, -ere, -ire**) into an **-o**: **parlo** *I speak*; **vendo** *I sell*; **parto** *I leave*. This part of the verb is called the first person singular.

To form the present tense for *you* (*formal*), *he, she,* or *it* you replace the ending with **-a** (verbs whose infinitive ends in **-are**) or **-e** (verbs with infinitives ending in **-ere** and **-ire**): **parla** *you* *speak, he/she speaks*; **vende** *you sell, he/she sells*; **parte** *you leave, he/she leaves*. This is the third person singular.

To form the present tense for *we* you replace the ending with **-iamo**: **parliamo** *we speak*; **vendiamo** *we sell*; **partiamo** *we leave*. This is called the first person plural.

✳ There is no difference in Italian between *I speak* and *I am speaking*: for both you say **parlo**.

4 Adjectives

Words which qualify (describe) a noun are called *adjectives*; in **questa penna è rossa** *this pen is red*, **rossa** is the adjective which describes **penna**.

In Italian, adjectives, like nouns, can be either masculine or feminine; since **penna** is feminine **rossa** needs to be feminine too. In **questo vestito è rosso** *this dress is red*, since the noun **vestito** is masculine, the adjective **rosso** also needs to be masculine. This is called the *agreement* of the adjectives with the nouns. The same rule applies to words describing one's nationality.

✳ Adjectives of nationality do not require a capital letter.

🎞 Nazionalità: *nationalities*

Lei è		Lui è		
	australiana		australiano	Australian
	austriaca		austriaco	Austrian
	tedesca		tedesco	German
	spagnola		spagnolo	Spanish
	svizzera		svizzero	Swiss
	britannica		britannico	British
	inglese		inglese	English
	americana		americano	American
	scozzese		scozzese	Scottish
	gallese		gallese	Welsh
	irlandese		irlandese	Irish
	portoghese		portoghese	Portuguese
	neozelandese		neozelandese	a Newzealander
	canadese		canadese	Canadian
	francese		francese	French

Lei è straniera, signora?   **Sì, sono tedesca.**
Lei è straniero, signore?   **No, sono italiano.**

As you may have already noticed, adjectives of nationality ending in **-ese** have the same form whether they are masculine or feminine.

Pratica

1 Write the appropriate forms of **questo** and **questa** in the spaces. After completing and correcting the exercises read them aloud until you are satisfied that you have learnt them.

(a) _____ è Angelo   (d) _____ è il signor Massa

(b) _____ è Maria   (e) _____ è la signorina Jones

(c) _____ è la banca   (f) _____ è mia figlia

2 Return to **dialogo 1** and re-write it as if you were Jackie Jones.

3 Return to **dialogo 3** and modify it so that you are Angela Chiarella and you can speak English and Italian.

4 Change the following sentences into negative ones by placing **non** before the verb.

(a) James parla italiano.   (d) Valentina parla tedesco.
(b) Sono Francesca.   (e) Questo è il signor Lupi.
(c) Parlo francese.   (f) Sta bene?

5 Fill in **il** or **la** before these nouns. You will probably be able to deduce the meaning of most of these words.

(a) _____ musica   (f) _____ telefono

(b) _____ pasta   (g) _____ pizza

(c) _____ stazione (f)   (h) _____ cereale (m)

(d) _____ periodo   (i) _____ conversazione (f)

(e) _____ generale (m)

6 Fill in **un** or **una** before these nouns.

(*a*) _____persona	(*f*) _____colore (m)
(*b*) _____concerto	(*g*) _____ gabinetto
(*c*) _____edificio	(*h*) _____ regione (f)
(*d*) _____strada	(*i*) _____ teatro
(*e*) _____porto	

7 What are the nationalities of these men and women?

Charline	abita in Australia.	È	australiana.
Franz	Germania.		_____
Alain	Canada.		_____
Vasco	Portogallo.		_____
John	Inghilterra.		_____
Anne	Svizzera.		_____
Neil	Galles.		_____
Wilma	Austria.		_____
Peter	Irlanda.		_____
Douglas	Scozia.		_____
Nancy	America.		_____
Paco	Spagna.		_____
Catrine	Francia.		_____

☑ Un piccolo test

You have arranged a meeting for 11 am at your Italian hotel with signor Gucci who is your firm's Italian representative. As the clock chimes 11 00 someone is knocking at the door.

You (*Ask who it is.*)

_____ _____ ?

Sig. Gucci **Sono il signor Gucci.**

You	(*Let him in and greet him*)
	_____ **signor** _____ , _____ **sta?**
Sig. Gucci	**Bene grazie, e Lei?**
You	(*Say you are not too bad and tell him to make himself at home.*)
	_____ _____ _____ **, grazie. Si** _____ **.**
You	(*Introduce him to your spouse who has travelled with you. You already know how to say my wife* **mia moglie** *and my husband is* **mio marito.**)
	_____ _____ _____ _____ **.**
Spouse	_____ **.**
Sig. Gucci	_____ **.**

L'Italia e gli italiani

Names

Most Italians are named after a name of a saint. A great number of names have both masculine and feminine versions, e.g. **Emilio, Mario, Lorenzo, Alessandro, Roberto, Angelo** and many more become in the feminine **Emilia, Maria, Lorenza, Alessandra, Roberta, Angela**. A few names ending in **-a**, such as **Nicola** and **Andrea**, are masculine.

Titles

In Italy titles are given a greater importance than in English-speaking countries. All university graduates — not just graduates in the medical profession — are entitled to be called **dottore** (men) and **dottoressa** (women). Secondary and tertiary teachers (who must be graduates) are called **professore** (men) and **professoressa** (women). Architects, engineering graduates and lawyers are called **architetto, ingegnere** and **avvocato** (men), **avvocatessa** (women). For this reason it is quite common to hear; **Buongiorno, dottoressa!** or **Come sta, architetto?**. In southern Italy the title of **dottore** is sometimes used when talking to a man whom one doesn't know but to whom one wishes to show great respect even if he is not **dottore**.

"Buongiorno, dottore"

"Buongiorno, dottore"

3

DOVE ABITA?
Where do you live?

In this unit you will learn

- how to ask where something is
- how to respond if, when asked, you do not know a direction
- how to ask and say where you are from
- how to ask and say where you live
- how to ask other people about their jobs
- how to ask someone if they are married and have children
- numbers from 0 to 20

Prima di cominciare

Remember that in order to understand what is being said you needn't understand every single word: try to pick out the main words in a sentence.

☑ Attività

Francesca Ferrari and her husband Sergio, whom you do not know, are visiting you at your Italian residence. The bell rings and...

You ask who it is: _____ _____ ?

Francesca says: **Sono la signora Ferrari.**

Invite her in: _____ .

Francesca thanks you: _____ .

You ask: *Is this your* **(suo)** *husband?* _____ è _____ _____ ?

Francesca: *Yes, this is Sergio*: _____ , _____ è _____ .

Sergio is pleased to meet you: _____ .

You respond and then ask them to make themselves at home: _____ ; _____ ,

You ask Sergio if he speaks English: _____ _____ ?

Yes, he speaks English but not too well. He prefers to speak Italian [*to speak is an infinitive*]:

Sì, _____ _____ **ma** _____ _____ _____ .

Preferisco _____ _____ .

Parole e frasi chiave

Da dire e da capire

dove	where
dov'è...?	where is...?
via	street
straniero/straniera	foreigner
di dov'è?	where are you from?; where is he/she from?
ạbito	I live
ạbita	you live; he/she/it lives
dove ạbita?	where do you live?; where does he/she live?
ho	I have
ha	you have; he/she/it has
lavoro	I work; work
lavora	you work; he/she works
che lavoro fa?	what is your job?
può rispondere a qualche domanda?	can you answer some questions?
mi dica	go ahead (literally: tell me)
sono dentista	I am a dentist
sposato/sposata	married
figlio/figlia	son/daughter
figli/figlie	sons (children)/daughters

quanto/quanta?	how much?
quanti/quante?	how many?
non lo so	I do not know
non capisco	I do not understand
quanti anni ha?	how old is he/she/it/are you?
ha X anni	he/she/it is X years old
può consegnare il vino?	can you deliver the wine?
certamente	certainly
in centro	in the centre (of the town)
vicino a	near, in the proximity of
piazza	square
commessa	shop assistant
negozio	shop
portiere d'albergo	hotel receptionist
insegnante	teacher
insegno	I teach
studente	student
studio	I study

 Numeri dallo 0 al 20: *numbers from 0 to 20*

0 **zero**	6 **sei**	11 **undici**	16 **sedici**
1 **uno**	7 **sette**	12 **dodici**	17 **diciassette**
2 **due**	8 **otto**	13 **tredici**	18 **diciotto**
3 **tre**	9 **nove**	14 **quattordici**	19 **diciannove**
4 **quattro**	10 **dieci**	15 **quindici**	20 **venti**
5 **cinque**			

Zero, nought and *0* in telephone numbers are all translated by **zero. Un libro** can mean *a book* or *one book.*

Dialoghi

Dialogo 1

Where is via Mazzini?

You	**Scusi, dov'è via Mazzini?**
Primo Turista	**Mi dispiace ma non lo so: non sono di Genova.**
	(let's try again)
You	**Scusi, dov'è via Mazzini?**
Secondo Turista	**Non capisco! Sono straniero!**

🎞 Dialogo 2

Daniela is carrying out a survey and asks Francesca a few questions:

Daniela	**Scusi signora, può rispondere a qualche domanda?**
Francesca	**Mi dica.**
Daniela	**Come si chiama?**
Francesca	**Francesca Ferrari.**
Daniela	**Di dov'è?**
Francesca	**Sono di Santa Margherita.**
Daniela	**Dove abita?**
Francesca	**Abito a Genova.**
Daniela	**Lei lavora?**
Francesca	**Sì, lavoro.**
Daniela	**Che lavoro fa?**
Francesca	**Sono dentista.**

🎞 Dialogo 3

Is Francesca married? Has she got any children?

Daniela	**È sposata?**
Francesca	**Sì.**
Daniela	**Ha figli?**
Francesca	**Sì, una bambina.**
Daniela	**Quanti anni ha la bambina?**
Francesca	**Ha sei anni.**
Daniela	**Grazie, signora. Lei è molto gentile.**
Francesca	**Prego.**

Dialogo 4

Sergio, Francesca's husband, has gone to the country to order some wine which is to be delivered. What's his address?

Sergio	**Può consegnare il vino?**
Vinaio	**Certamente, signore! Dove abita?**
Sergio	**Abito a Genova, in via Roma.**
Vinaio	**Numero?**

Sergio	**Numero 15.**
Vinaio	**Allora: via Roma, 15 – Genova. Dov'è via Roma?**
Sergio	**È in centro, vicino a piazza Garibaldi.**

Dialogo 5

Daniela asks a group of Italians about their jobs.

Teresa	**Sono commessa: lavoro in un negozio.**
Piero	**Sono portiere d'albergo: lavoro in un albergo.**
Brunella	**Sono insegnante: insegno matematica.**
Claudio	**Sono studente: studio medicina.**

 ——————— **Spiegazioni** ———————

1 Dov'è?

When the last letter of one word and the first letter of the next word are vowels, the first vowel is normally dropped and replaced by an apostrophe. ('): **la arancia** *the orange* becomes **l'arancia**.

In **dove** the stress falls on the **-o** whereas **dov'è?** is stressed on the final **-è**.

2 Turista

Nouns ending in **-ista** can be either masculine or feminine: **il turista/la turista; il violinista/la violinista.** The definite article **il/la** indicates a male or female person.

3 Sposata/sposato

To a woman: **È sposata?** *Are you married?*
She replies: **Sì sono sposata** or **no, non sono sposata.** *Yes, I am married* or *no, I am not married.*

To a man: **È sposato?**
He replies: **Sì, sono sposato** or **no, non sono sposato.**

4 Plural of nouns

When talking of more than one thing, that is to say in the *plural*, in English an **-s** is usually added at the end of the noun; in Italian the plural is made by changing the final vowel of the noun in the following ways:

(i) Nouns ending in **-o** or **-e** normally change to an **-i**
libro-libri *book-books*; **automobile** (f) - **automobili** *car/cars*; **cane** (m) - **cani** *dog/dogs*.

(ii) Nouns ending in **-a** normally change to an **-e**
donna-donne *woman-women*; **ragazza-ragazze** *girl-girls*; **domanda-domande** *question-questions*.

(iii) **Ha figli?** *Have you got any children?* The plural of **figlio** *son* is **figli**: this is to avoid two **-i**s occuring at the end of the word (**zio** *uncle* is one of a few exceptions: its plural is **zii**).

(iv) Before plural nouns **il** and **la** change respectively into **i** and **le**: **il treno** - **i treni**/*the train-the trains*; **la casa** - **le case** *the house/home-the houses/homes*. **Questo** and **questa** *this* become **questi** and **queste** *these*: **questo numero-questi numeri** *this number-these numbers*.

5 Where do you live?

Dove abita? the answer is: **abito a** followed by the name of the city, town or village or small island; **abito in** followed by the name of the continent, country, region, county or large island.

Abito **a** Roma.	Abito **in** Europa.
Abito **a** Siena.	Abito **in** Italia.
Abito **a** Portofino.	Abito **in** Toscana.
Abito **a** Capri.	Abito **in** Surrey.
	Abito **in** Sicilia.

6 Verbs

Here is the pattern for regular verbs of the *first type*:

parlare *to speak*		
(io)	parl**o**	*I speak*
(tu)	parl**i**	*you (informal) speak*
(lui, lei/Lei)	parl**a**	*he, she speaks/you (formal) speak*
(noi)	parl**iamo**	*we speak*
(voi)	parl**ate**	*you (plural informal) speak*
(loro/Loro)	parl**ano**	*they/you (plural formal) speak*

Verbs ending in **-iare** (e.g. **mangiare** *to eat,* **studiare** *to study* etc.) take only one **-i** in the **tu** and **noi** forms: mangi, mangiamo.

7 You

The reason why the formal *you* is taken from the *third person singular* (e.g. **Lei parla**) derives from old usage when it meant 'Your Excellency' (*What does Your Excellency say?*)

When addressing more than one person the formal *you* is **Loro**:
     Loro parlano inglese?   *Do you* (plural) *speak English?*

✳ To summarise: there are four ways of saying *you* in Italian!

     tu (singular informal)   **voi** (plural informal)
     Lei (singular formal)   **Loro** (plural formal)

8 Professioni e occupazioni

The feminine forms of **dottore** and **studente** are respectively **dottoressa** and **studentessa**. **Medico**, another word for *doctor*, **negoziante** and **insegnante** apply to both men and women. Other occupations are: **dattilografo/dattilografa** typist; **operaio/operaia** factory worker; **telefonista** switchboard operator; **cameriere/cameriera** waiter/ waitress; **casalinga** housewife; **infermiere/infermiera** nurse; **dirigente** manager.

These explanations may appear to be a little overwhelming but then most things which are explained in writing seem much more complicated than they really are. In any event you have covered a lot of useful ground and I am sure that bit by bit you will find the basics begin to 'stick'. Just do not worry about it, simply let it happen.

Pratica

1 Fill in the spaces using **il** or **la**. Then read aloud each question and answer that you are sorry but you don't know.

(a) Scusi, dov'è __la__ banca? Mi dispiace ma non lo so.

(b) Scusi, dov'è _____ posta?

(c) Scusi, dov'è _____ teatro?

(d) Scusi, dov'è _____ museo?

(e) Scusi, dov'è _____ parco?

(f) Scusi, dov'è _____ supermercato?

If you did not understand the question what would you answer?

(g) _____ _____ !

2 With the help of the map on page 8 fill in the spaces using **in** and **a** correctly.

(a) Angelo abita _____ Toscana;

(b) Teresa abita _____ Roma;

(c) Mario abita _____ Sicilia;

(d) Sergio abita _____ Genova;

(e) Francesca abita _____ Liguria;

(f) Maria abita _____ Capri.

3 You are at a meeting and are told that one of the participants is Italian. You would like to make his acquaintance.

(a) *Ask him if he is Italian*
You: _____ ?
He replies: **Sì.**
(b) *Ask him where he is from*
You: _____ ?
He replies: **Sono di Pavia.**
(c) *Introduce yourself and ask his name*
You: _____ ?
He replies: **Stefano Vinci.**

4 Fill in the spaces with the professions and occupations in the box to match the illustrations and taking note of the endings.

infermiera	studente	medico
cameriere	segretaria	portiere

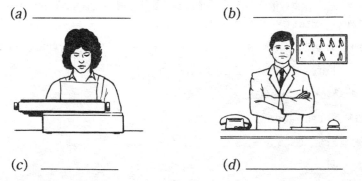

(a) _____ (b) _____

(c) _____ (d) _____

(e) _____   (f) _____

L'Italia e gli italiani

Italy is roughly the size of Great Britain and has about 57,000,000 inhabitants. It is divided into twenty regions which have a certain degree of autonomy from central government. Before the unification of Italy (1861) each region was either an independent state or part of some other European state; for this reason each region had and still has dialects which can differ greatly from each other and from standard Italian. These dialects are reflected in the pronunciation of the official language. Traditions, customs and cuisine also differ greatly from region to region. The advent of television in the early 1950s, and internal migration, prompted a process of standardisation which is still going on today. The fact that all important Italian towns were at some stage in their history the capitals of their region explains their enormous artistic wealth.

Un piccolo test

Write the questions for the following answers:

1 _____ ? Sì, sono sposato.

2 _____ ? Sì, ho figli.

3 _____ ? Ho tre figli.

4 _____ ? Sono medico.

5 _____ ? Sì, sono italiano.

6 _____ ? Abito a Venezia.

4

_____ COM'È? _____
How is (it)?

In this unit you will learn

- how to describe something
- how to express ownership
- how to express likes, dislikes and preferences
- numbers from 21 to 1000

Prima di cominciare

✳ There is no need to feel frustrated if you cannot always remember the rules: this is quite normal for all students; just go back and revise regularly and repeat to yourself the vocabulary and sentences as often as possible. Practice makes perfect. Also, with the help of a dictionary and the vocabulary at the end of the book, experiment in making new sentences of your own using the material you have learnt so far.

✳ You may like to stick Italian labels on all the items in your larder or fridge. Indeed this idea can be extended to other areas: **libretto assegni** can be written on the cover of your chequebook, etc.

Attività

1 Say your name, your nationality, where you live and give your Italian address and telephone number (**il mio numero di telefono è...**). State your age, whether or not you are married and if you have any children (invent some!) give their names and ages.

2 What would you say to someone if you did not understand what they were saying?

Parole e frasi chiave

Da dire e da capire

com'è?	how is (it)?
che cos'è questo?	what is this?
qual è la sua automobile?	which (one) is your car?
di che colore è?	what colour is it?
c'è un telefono qui?	is there a telephone here?
non c'è zucchero	there is no sugar
tè	tea
acqua	water
vino	wine
birra	beer
pane (m)	bread
latte (m)	milk
frutta	fruit
ci sono negozi qui vicino?	are there (any) shops nearby?
non ci sono treni	there are no trains
panini	rolls
bibite	soft drinks
limoni	lemons
mi piace, mi piacciono	I like (it), I like (them)
mi piace la pizza	I like pizza
mi piacciono i gelati	I like ice creams
non mi piace/piacciono	I do not like it/them
Le piace il caffè?	do you like coffee?
Le piacciono i biscotti?	do you like biscuits?
preferisco le paste	I prefer fancy cakes/pastries
il mio/la mia	my/mine
il suo/la sua	your/yours; his; her/hers
molto	very
troppo	too much
andare a teatro	to go to the theatre
non tutte	not all of them

mi piace, mi piacciono, etc, may also be used with the infinitive of any verb, e.g. **mi piace parlare italiano.**

Numeri dal 20 al 1000

20 **venti**	50 **cinquanta**	80 **ottanta**	200 **duecento**
30 **trenta**	60 **sessanta**	90 **novanta**	300 **trecento** etc.
40 **quaranta**	70 **settanta**	100 **cento**	1000 **mille**

To form all the other numbers in between, combine hundreds, tens and units as in English:

26 **ventisei**   67 **sessantasette**   356 **trecentocinquantasei**

 The final vowel of the tens is omitted before **uno** and **otto**: **ventuno, ventotto; trentuno, trentotto; quarantuno, quarantotto, etc.**

Before **cento** and **mille**, **uno** is *not* required.

Opposti: *opposites*

bello beautiful	**grande** large/big	**alto** high/tall	**lungo** long
brutto ugly	**piccolo** small	**basso** low/short	**corto** short
pieno full	**caldo** hot	**giovane** young	**nuovo** new
vuoto empty	**freddo** cold	**anziano** old	**vecchio** old
pesante heavy	**fresco** cool/fresh	**buono** good	**dolce** sweet
leggero light, weak	**tiepido** warm	**cattivo** bad	**amaro** bitter
pulito clean	**largo** wide	**chiaro** clear/light	**veloce** fast
sporco dirty	**stretto** narrow	**scuro** dark	**lento** slow

Colori: *colours*

nero black, **grigio** grey, **blu** navy blue, **azzurro** sky blue, **viola** purple, **verde** green, **giallo** yellow, **arancio** orange, **rosso** red, **marrone** brown, **rosa** pink, **bianco** white.

Dialoghi

Dialogo 1

Com'è questo panino?
È buono.
E il tè?
È troppo leggero e tiepido: è cattivo!

Dialogo 2

Com'è il caffè italiano?
Forte.

Dialogo 3

Che cos'è questo?
È un limone.

Dialogo 4

Qual è il contrario di grande?
Il contrario di grande è piccolo.
E il contrario di freddo?
Caldo.

Dialogo 5

C'è una birra?
No, non c'è.
Ci sono biscotti?
No, non ci sono.

Dialogo 6

Di che colore è la sua automobile?
Bianca. Di che colore è la sua?
La mia è rossa.

Dialogo 7

Le piace questa città? (*town/city*)
Sì, mi piace molto.
Le piace andare a teatro?
Sì.
Le piacciono le opere? (*operas*)
Non tutte.

─────────────── **Spiegazioni** ───────────────

1 They are/are they?

Di che colore sono? *What colour are they?* **Sono** means *they are* as well as *I am* and *you are* (formal plural).

2 Where il *becomes* lo

To make pronunciation easier, words starting with **s** followed by a consonant (**sp, st, sv** etc.), and words starting with **z, ps, gn** take the article **lo** rather than **il**: **lo zucchero, lo zero, lo studente.** The plural of **lo** is **gli**: **gli spaghetti, gli studenti, gli zeri** etc. Before such words **un** becomes **uno**: **uno studente, uno zero.**

3 There is/is there?

C'è = **ci è** *there is.* **C'è il caffè?** *Is there any coffee?* Remember that if you refer to more than one item you need to say **ci sono. Ci sono le banane?** *Are there any bananas?* This refers to some specific item e.g. the coffee or the bananas which is/are supposed to be in the cupboard. You can omit the article and say **c'è caffè? ci sono banane?** This refers to coffee or bananas in general.

4 Temperature

To say that *something* is cold you say **è freddo/è fredda**; to say that the weather is cold you say **fa freddo.** Remember that **caldo** means *hot*!

5 Which is, qual è

Qual è il contrario di...? (no apostrophe before the è). As you may already have realised it is not always possible to translate word by word from one language into another; in the case of *what is the opposite of...?* Italians say *which is the opposite of...?*

6 Colour agreements

Colours, like all other adjectives, need to agree with the number and gender of the noun they describe and, unlike English, they are normally placed after the noun: **una automobile rossa, due automobili rosse, un ombrello giallo, due ombrelli gialli.** However, **blu, viola** and **rosa** are exceptions and never change.

7 Possession

In Italian, words such as *my, mine, yours, her, hers, his* and so on require the definite article (**il, la, i, le**) in front of them: *il mio* **libro è qui** *my book is here*; **dov'è** *il suo? where is yours/his/hers?* These words are called possessive adjectives and pronouns, and they must agree with the thing possessed: you say *il suo* **libro** *your/his/her book* because **libro** is masculine, but *la sua* **valigia** *your/his/her suitcase* because **valigia** is feminine.

Kinship terms, when in the singular, do not require the definite article.

mia madre	my mother	**mia moglie**	my wife
mio padre	my father	**mio marito**	my husband
mio fratello	my brother	**mio nonno**	my grandfather
mia sorella	my sister	**mia nonna**	my grandmother

8 Verbs

Here is the pattern for regular verbs of the *second type*:

---

vedere *to see*

vedo	*I see*	**vediamo**	*we see*
vedi	*you see (informal)*	**vedete**	*you (plural informal) see*
vede	*he, she sees/you (formal) see*	**vedono**	*they see/ you (plural formal) see*

 ———————————— **Pratica** ————————————

1   Answer the questions choosing the correct word from the box on the following page.

Com'è questa frutta? Questa frutta è | fresca. |

<table>
<tr><td>birra?</td><td>_____</td><td>dolce.</td></tr>
<tr><td>strada?
(road)</td><td>_____</td><td>fresca.</td></tr>
</table>

Com'è questo

biscotto?	_____	molto caldo!
caffè?	_____	molto freddo!
gelato?	_____	lunga!

2 What is the opposite of...?

Qual è il
contrario di

pesante?	_____	piccolo
basso?	_____	leggero
giovane?	_____	alto
corto?	_____	anziano
vuoto?	_____	lungo
grande?	_____	vecchio
nuovo?	_____	pieno

3 What colour is it/what colour are they?

Di che colore è il latte? Il latte è bianco.

il limone?	_____
la banana?	_____
la carne? (meat)	_____
l'erba? (grass)	_____

Di che colore sono

        i limoni? _____

        le banane? _____

4   An Italian friend wishes to know if you have learnt your numbers: if all the answers are correct you win a meal at an Italian restaurant! Read the arithmetical expressions aloud, then write them down in full.

plus (+) = **più**   *minus* (−)   = **meno**
times (×) = **per**   *divided by* (÷) = **diviso**

   $3 + 7 = 10$ **tre più sette fa** (*makes*) **dieci.**

$5 + 6 = 11$	$7 - 3 = 4$	$7 \times 10 = 70$	$550 \div 2 = 275$
$20 + 21 = 41$	$20 - 15 = 5$	$6 \times 7 = 42$	$1000 \div 5 = 200$

5   Read aloud these questions and answer them in the affirmative i.e. with **sì** (yes).

C'è il latte? Sì, c'è.
Ci sono le birre? Sì, ci sono.

(*a*) C'è il pane? _____   (*d*) Ci sono le banane? _____

(*b*) C'è il caffè? _____   (*e*) Ci sono i panini? _____

(*c*) C'è lo zucchero? _____   (*f*) Ci sono i biscotti? _____

6   Read aloud these questions and answer in the negative i.e. with **no.**

C'è il latte? No, non c'è.
Ci sono le birre? No, non ci sono.

(*a*) C'è il tè? _____   (*d*) Ci sono i panini? _____

(*b*) C'è il vino? _____   (*e*) Ci sono le aranciate? _____

(*c*) C'è l'acqua? _____   (*f*) Ci sono le pizze? _____

7 You are asked whether you like the various items in the list below. You don't like anything. Read aloud both questions and answers. (After **piace** and **piacciono** the noun is usually preceded by an article).

Le piace la frutta?   No, non mi piace.
Le piacciono i gelati?   No, non mi piacciono.

(*a*) Le piace lo zucchero? _____

(*b*) Le piacciono le banane? _____

(*c*) Le piace andare al cinema? _____

(*d*) Le piace il caffè? _____

(*e*) Le piacciono i biscotti? _____

(*f*) Le piace il vino? _____

(*g*) Le piace la carne? _____

(*h*) Le piacciono le paste? _____

Mamma mia, che gusti (*taste*) **difficili!**

8 Answer the same questions as above, this time you like everything but prefer something else. Read aloud both questions and answers.

Le piace la frutta? (gelati) **Sì, mi piace ma preferisco i gelati.**

(*a*) _____ **i biscotti.**

(*b*) _____ **le mele** (*apples*).

(*c*) _____ **andare a teatro.**

(*d*) _____ **il tè.**

(*e*) _____ **le torte** (*tarts, cakes*).

(*f*) _____ **la birra.**

(*g*) _____ **il pesce** (*fish*).

(*h*) _____ **la frutta.**

L'Italia e gli italiani Il bar

Italian bars sell, as well as alcoholic drinks, coffee, tea, soft drinks and cold snacks. Many bars, particularly in small towns and villages, open quite early in the morning to cater for people who, before going to work, wish to have a small breakfast (which often consists of just black coffee). Most bars stay open throughout lunch time until quite late at night. Many people like to spend some of their free time in bars, meeting friends, playing cards or snooker, reading the paper, watching television or just sitting at the tables outside watching the world go by: in fact this is a peculiarly Italian pastime; they often spend several hours there just drinking one cup of coffee! Most bars have a public telephone and a toilet.

◤ Un piccolo test

Make up questions for the following answers:
1 Questa è una birra.
2 Sì è buono.
3 La mia auto(mobile) è questa.
4 No, non c'è l'acqua.
5 Sì, i limoni ci sono.
6 Il mare (*sea*) è azzurro.
7 No, questo vino non mi piace.

5

QUANT'È?

How much is it?

In this unit you will learn

- how to ask for something
- how to state quantities
- how to ask the price
- the names for the baker's shop, the butcher's shop etc.
- numbers from 1000 onwards

Prima di cominciare

✳ It is important that you should learn the numbers, including the high ones, because the Italian monetary system is such that large numbers are in constant use by ordinary shoppers. To practise the numbers choose a page from the telephone directory and read aloud as many numbers as you can: you may start by reading the first two digits of each number, then the first three and so on until you are able to read the whole number. This should help in your aim of gaining even greater fluency.

Attività

You are in the **ufficio turistico** (*tourist office*) and you wish to make a call to Francesca. You ask:

1 Is there a telephone here? _____ ?
2 *You call Francesca who wants to meet at Caffè Biffi.*
   You ask: where is the Caffè Biffi? _____ ?
3 *After the call you decide to go first to the bank so you go back to the information desk.*
   You ask: is there a bank nearby? _____ ?
4 *At last you reach Caffè Biffi and order*
   a beer and a roll. _____ ?
5 *Now ask*: is there a toilet here? _____ ?

 ———— **Parole e frasi chiave** ————

Da dire e da capire

desidera?	can I help you?
mi dia	I will have (lit. give me)
vorrei...	I would like...
un caffè	one black (espresso) coffee
un capuccino	one white coffee
un francobollo da 750	a 750 lira stamp
un chilo di mele	a kilo of apples
mezzo chilo di pomodori	half a kilo of tomatoes
un etto/cento grammi di burro	100 grams of butter
un litro di vino bianco	a litre of white wine
mezzo litro di latte	half a litre of milk
una scatoletta di tonno	a tin of tuna
una fetta di torta	a slice of cake/tart
un pacco di spaghetti	a packet of spaghetti
come vuole il panino?	how do you want the roll?
come preferisce	as you prefer
prosciutto (cotto)	ham
prosciutto crudo	cured/parma ham
formaggio	cheese
omelette (f)	omelet
là	(over) there
quelli (m), quelle (f)	those
albicocche	apricots
ciliegie	cherries
non troppo maturi	not too ripe
questi vanno bene?	are these OK?
è tutto	that's all
in tutto	in all

allora	well then
vado dal fruttivendolo	I am going to the greengrocer's
al bar/al caffè	to the bar
al ristorante	to the restaurant
al supermercato	to the supermarket
all'ufficio postale/alla posta	to the post office
vado al negozio d'alimentari	I am going to the grocer's
But vado in panetteria	I am going to (the) baker's
macelleria	butcher's
pescheria	fishmonger's
tabaccheria	tobacconist's
farmacia	chemist's
edicola	newsagent's
libreria	bookshop
drogheria	grocer's

Note that the **drogheria** is not a drugstore or chemist's but a grocer's; it means the same as **il negozio d'alimentari**. The chemist's is **la farmacia**.

un etto, due etti, etc. means 100 grams, 200 grams etc. and is used instead of saying, e.g. cento grammi. 150g, 250g etc. are expressed as **un etto e mezzo, due etti e mezzo**, etc.

ecco	here (it) is
il resto	the change
desidera altro?	anything else?
quant'è?	how much is it?
quanto costa?	how much does it cost?
quanto costano?	how much do they cost?
è troppo (caro)	it is too much/too expensive
è a buon mercato/costa poco	it is cheap
deve pagare alla cassa	you must pay at the cash desk
deve fare lo scontrino	you must get the receipt
devo telefonare	I must make a telephone call
devo andare in banca	I must go to the bank
devo andare a fare la spesa	I must go shopping

Numeri dal 1000 in poi: *numbers from 1000 onwards*

1.000	mille	1.000.000	un milione
2.000	duemila	2.000.000	due milioni
3.000	tremila	3.000.000	tre milioni
10.000	diecimila	10.000.000	dieci milioni
100.000	centomila	100.000.000	cento milioni
500.000	cinquecentomila	1000.000.000	mille milioni
			(un miliardo)

Numbers are formed as in English, e.g.

977.654	**novecento**	**settanta-**	**seicento**	**cinquanta-**
	nine hundred	**sette mila**	six hundred	**quattro**
	(and)	seventy-	(and)	fifty-four
		seven		
		thousand		

1 **Mille** *one thousand* becomes **mila** in the plural.
2 Groups of three figures or more are separated by a dot.
3 A comma indicates the decimal point: 1,5 **uno vịrgola cinque** = *one point five*
4 *Eleven hundred, twelve hundred* etc. are translated by **millecento, milleduecento** *one thousand one hundred, one thousand two hundred.*

 —————————— **Dialoghi** ——————————

 *Dialogo 1*

In some Italian bars you pay at the cashier's desk before ordering at the counter. What does Brunella ask for?

Barista	**Buongiorno, signora.**
Brunella	**Buongiorno. Un caffè e un panino.**
Barista	**Deve fare lo scontrino.**
Brunella	*(to the cashier)* **Un caffè e un panino, per favore.**
Cassiera	**Come vuole il panino: con prosciutto, formaggio, salame, omelette...?**
Brunella	**Prosciutto cotto o crudo?**
Cassiera	**Come preferisce.**
Brunella	**Allora con prosciutto crudo.**
Cassiera	**Va bene. Un caffè e un panino con prosciutto crudo. Tremilaottocento lire.**
Brunella	*(counting the coins and giving them to the cashier)* **Tremilasettecento...tremilaottocento.**
Brunella	*(to the barman)* **Un caffè e un panino con prosciutto. Scusi, c'è un telẹfono qui?**
Barista	**Sì, è là.**
Brunella	**Grazie.**
Barista	**Prego.**

Bar Primula

Passeggiata a mare Camogli

via Garibaldi

tel. 0185/770351

Camogli (Ge)

Quantita	Descrizione	Importo
1	caffè	1.200
1	panino con prosciutto crudo	2.600
		3.800

Proverbio: *proverb*

Vale più la pratica della grammatica. *Practice makes perfect.*
(Literally: practice is worth more than grammar).

Dialogo 2

Francesca is buying some fruit and vegetables in the large market in the centre of Genoa; first she enquires about prices.

Fruttivendola	**Desidera?**
Francesca	**Quanto costano le mele?**
Fruttivendola	**Queste costano milleottocento lire; quelle duemiladuecento.**
Francesca	**Vorrei un chilo di queste. Le albicocche quanto costano?**
Fruttivendola	**Tremilaottocento lire al chilo.**
Francesca	**Sono troppo care. Mi dia un chilo di ciliege.**
Fruttivendola	**Ecco. Desidera altro signora?**
Francesca	**Sì mezzo chilo di pomodori, non troppo maturi.**
Fruttivendola	**Questi vanno bene?**
Francesca	**Sì, grazie. È tutto. Quant'è in tutto?**
Fruttivendola	**Allora... le mele duemiladuecento, le ciliege duemilaottocento, i pomodori settecento ... Cinquemilasettecento in tutto.**
Francesca	**Ecco** *(paying with a ten thousand lire note).*
Fruttivendola	**Grazie. Ecco quattromilaquattrocento lire di resto.**

───────── **Spiegazioni** ─────────

1 Quello

Vorrei quello/quella   *I would like that one.*
Vorrei quelli/quelle   *I would like those.*

Before a noun the forms of **quello** are similar to those of the
definite article (il, lo, la, l', i, gli, le):

quel negozio	quello scontrino	quell' aeroporto	quella chiesa
quei negozi	quegli scontrini	quegli aeroporti	quelle chiese

2 A + il: *to the*

Vado al bar *I am going/I go to the bar*: words like **a** (*to, at*) **di**
(*of*) **da** (*from, by*) **in** (*in, into*) and **su** (*on*), followed by a definite
article (**il, lo, la**) combine as follows:

a	al	allo	alla	all'	*to the*
di	del	dello	della	dell'	*of the*
da +il	dal +lo	dallo +la	dalla +l'	dall'	*from the*
in	nel	nello	nella	nell'	*in the*
su	sul	sullo	sulla	sull'	*on the*

sul treno   *on the train*   all'albergo   *at the hotel*
nello studio   *in the study*   del padre   *of the father*
dalla stazione   *from the station*   sulla tavola   *on the table*

This list is given to you so that you may recognise the forms as
you meet them. It is not necessary that you learn it by heart,
though it will speed up your comprehension and fluency if you can
do so.

You will find these combinations in Italian where *the* is not used in
English e.g. **all'arrivo**   *on arrival.*
          al binario   *on platform.*

3 Superlatives

caro	molto caro	carissimo
expensive	*very expensive*	*very expensive indeed*
bello	**molto bello**	**bellissimo**
beautiful	*very beautiful*	*very beautiful indeed*
buono	**molto buono**	**buonissimo**
good	*very good*	*very good indeed*
comodo	**molto comodo**	**comodissimo**
comfortable	*very comfortable*	*very comfortable indeed*

Queste mele sono carissime.	*These apples are very expensive indeed.*
Questo caffè è buonissimo.	*This coffee is very good indeed.*
Queste scarpe sono comodissime.	*These shoes are very comfortable indeed.*

4 Verbs

Here is the pattern for regular verbs belonging to the *third type* (or conjugation).

✳ Some **-ire** verbs take **-isc** between the stem and the ending (type IIIb): except for the 1st and 2nd persons plural.

	Type IIIa		**Type IIIb**	
partire	*to leave*	**finire**	*to finish*	
part**o**	*I leave*	finisc**o**	*I finish*	
part**i**	*you (informal) leave*	finisc**i**	*you (informal) finish*	
part**e**	*he, she leaves/you (formal) leave*	finisc**e**	*he, she finishes/you (formal) finish*	
part**iamo**	*we leave*	fini**amo**	*we finish*	
part**ite**	*you (pl. informal) leave*	fin**ite**	*you (pl. inf.) finish*	
part**ono**	*they, you (pl. formal) leave*	finisc**ono**	*they, you (pl. formal) finish*	

In Italian:
sc followed by an **-o**, (or **-a/-u**) is pronounced as **sk** in **sk**irt.
sc followed by an **-e** or **-i** is pronounced as **sh** in **sh**irt.

5 Irregular verbs

Some verbs do not follow the regular pattern:

essere	to be		avere	to have
sono	I am		ho	I have
sei	you are		hai	you have
è	he, she, it is, you (formal) are		ha	he, she, it has, you (formal) have
siamo	we are		abbiamo	we have
siete	you (pl. informal) are		avete	you (pl. informal) have
sono	they are, you (pl. formal) are		hanno	they have, you (pl. formal) have

 ━━━━━━━━ **Pratica** ━━━━━━━━

1 (*a*) Che negozio è questo?   (*b*) Che negozio è questo?

(*c*) Che cosa si compra qui?   (*d*) Che negozio è questo?

2 (*a*) Ask a passer-by if there is a supermarket nearby.

                                                     bank

                                                     chemist's

                                                     tourist office

                                                     bookshop

(*b*) Say that you must go to the bank.

                              you are going to the grocer.

                              must go to the greengrocer.

3 (*a*) Ask the greengrocer for half a kilo of ripe tomatoes.

                                            five bananas.

(*b*) Ask the shop assistant the price of

                                 100 grams of cured ham.

                                 1 litre of milk.

                                 half a litre of wine.

(*c*) At the end of your shopping ask how much it is in all.

4 This is your shopping list. Which shop do you go to and what do you buy? (There are more shops listed than you will need.)

un pacco di spaghetti   panetteria

½ kg. di zucchero   alimentari

due fette di torta di mele

1L. di acqua minerale   edicola

un francobollo per l'Inghilterra   macelleria

una scatola di tonno

una scatola di pomodori   farmacia

aspirine   pescheria

1kg. di pane   ufficio postale

5 Practise reading aloud the following:

(*a*) un chilo di pane costa 3000 lire.

(*b*) un litro di latte costa 1400 lire.

(*c*) un etto di prosciutto crudo costa 4000 lire.

(*d*) un etto di formaggio costa 1800 lire.

(*e*) un etto di torta costa 1200 lire.

(*f*) un etto di caffè costa 1500 lire.

Try to get the gist of the passage on the next page without concentrating too much on every single word. Several of the new words are similar to English.

L'Italia e gli italiani La spesa

Per tradizione gli italiani preferiscono fare la spesa nei piccoli negozi specializzati piuttosto che andare al supermercato. Nei negozi specializzati i prezzi sono più alti ma il cibo è di migliore qualità e il servizio è più personale. In Italia purtroppo la coda non esiste: i clienti, nei negozi come nelle banche e negli uffici pubblici, formano dei gruppi e spesso è difficile sapere a chi tocca essere servito; quindi spesso è necessario dire **Mi dispiace, signora, ma tocca a me!**

Le **tabaccherie** commerciano su licenza dello stato (monopolio) e oltre alle sigarette ed ai tabacchi vendono francobolli e... sale, perchè anche il sale è monopolio di stato.

Generalmente le **edicole** sono chioschi che vendono soltanto giornali, riviste e libri.

piuttosto che	rather than
i prezzi sono più alti	the prices are higher
il cibo è di migliore qualità	the food is of a better quality
purtroppo	unfortunately
la coda	queue (literally: tail)
spesso è difficile sapere	it is often difficult to know
come	as well as
a chi tocca	whose turn it is
quindi	therefore
tocca a me!	it's my turn!
oltre	besides
sale	salt
giornali	newspapers
riviste	magazines

6　Read the previous passage again and tick the correct answer.

	Vero	Falso
(a)　Gli italiani preferiscono andare al supermercato.	□	□
(b)　Nel supermercato i prezzi sono più alti.	□	□
(c)　I francobolli si comprano in tabaccheria e alla posta.	□	□

☑ Un piccolo test

Write the questions for the following answers:

1　No, grazie, questo è tutto.
2　Costa cinquemila lire.
3　Devo andare in banca.
4　No, non è caro: è a buon mercato.
5　Deve pagare alla cassa.

6

CHE ORE SONO?
What's the time?

In this unit you will learn

- how to tell the time
- how to talk about the time when something is going to happen
- how to enquire about shop opening times
- some useful expressions of time
- the days of the week
- the months of the year

Prima di cominciare

It is not difficult to ask the time and to enquire when something, such as a shop opening, is going to occur. However this unit contains a lot of useful vocabulary which should be learnt in order to understand Italians when they bombard you with their answers to what seemed to be simple questions.

Take every opportunity to tell yourself the time in Italian and try to think of all your **appuntamenti** *appointments* or the times of TV programmes in Italian too. If you have the tape, do not forget to listen to each dialogue before reading it.

Attività

Revise the following numbers, saying them out loud.

17	7	6	31	48	12	28	15	5	67
76	13	100	1.000	2.570	12.347	25.891.

Parole e frasi chiave

Da dire e da capire

che ore sono?/che ora è?	what's the time?
sono le due e dieci	it's ten past two
quando arriva l'aereo?	when does the plane arrive?
a che ora...	what time...
apre la banca?	does the bank open?
chiude il negozio?	does the shop close?
comincia/inizia il film?	does the film start?
finisce lo spettacolo?	does the show end?
aprono gli uffici?	do the offices open?
chiudono i musei?	do museums close?
cominciano le gare	do the races start?
finiscono di lavorare?	do they finish work?
è la (prima) colazione?	is breakfast?
è la seconda colazione/il pranzo?	is lunch?
la cena?	is dinner?
quanto dura?	how long does it last?
dalle sette e mezzo alle dieci	from seven thirty to ten
dura due ore	it lasts two hours
tardi	late
presto	early
l'altro ieri	the day before yesterday
ieri	yesterday
questa mattina = stamattina	this morning
questa sera = stasera	this evening
oggi	today
che giorno è oggi?	what's the day today?
domani	tomorrow
dopodomani	the day after tomorrow
fra una settimana	in a week's time
devo comprare	I must buy
è chiusa	it is closed
medicina	medicine
più tardi	later (literally: more late)
all'ora di pranzo	at lunchtime
riaprono	re-open
dappertutto	everywhere
alcune città	some towns/cities
mezz'ora più tardi	half an hour later
ci vediamo	we'll meet (lit: we'll see each other)
è troppo lontano	it's too far
va bene	OK
vai a scuola tutti i giorni?	do you go to school every day?
eccetto	except

anche	also/too
le lezioni	lessons
sto a casa a fare i compiti	I stay at home and do my homework

Parti del giorno: *parts of the day*

la mattina	morning/in the morning
il pomeriggio	afternoon/in the afternoon
la sera	evening/in the evening
l'alba	dawn
il tramonto	sunset
la notte	night

I giorni della settimana: *the days of the week*

lunedì	Monday	giovedì	Thursday	sabato	Saturday
martedì	Tuesday	venerdì	Friday	domenica	Sunday
mercoledì	Wednesday		Il fine settimana	the weekend

I mesi dell'anno: *the months of the year*

gennaio	January	maggio	May	settembre	September
febbraio	February	giugno	June	ottobre	October
marzo	March	luglio	July	novembre	November
aprile	April	agosto	August	dicembre	December

Le quattro stagioni: *the four seasons*

| primavera | spring | autunno | autumn |
| estate (f) | summer | inverno | winter |

In Italian the days of the week, and the months, have no initial capital.

> Trenta giorni a novembre,
> con aprile, giugno e settembre,
> di ventotto ce n'è uno,
> tutti gli altri ne hanno trentuno.

Dialoghi

Dialogo 1

A tourist asks the time of a local policeman (**un vigile**); she needs some medicine but... is she too late or too early?

Turista   **Scusi, che ore sono?**
Vigile   **Sono le tre e dieci.**
Turista   **Devo comprare una medicina ma la farmacia è chiusa.**
Vigile   **È troppo presto. La farmacia apre alle tre e mezzo. Deve ritornare più tardi.**

Dialogo 2

She now decides to go to the tourist office to enquire about shop opening times. At what time do they open in the afternoon?

Turista   **Buongiorno. Quando aprono i negozi?**
Signorina **La mattina?**
Turista   **Sì.**
Signorina **La mattina aprono alle otto e mezzo.**
Turista   **Chiudono all'ora di pranzo?**
Signorina **Sì, alle dodici e mezzo.**

Turista   **E il pomeriggio?**
Signorina **Il pomeriggio riaprono alle tre e mezzo e chiudono alle sette e mezzo.**

Turista   Questo dappertutto?
Signorina   No, in alcune città aprono e chiudono
             mezz'ora più tardi.
Turista   Grazie. Buongiorno.
Signorina   Buongiorno.

📼 Dialogo 3

Marina and Monica are going to the cinema. Where are they going to meet? Are they close friends?

Monica   A che ora comincia il film?
Marina   Alle nove.
Monica   Allora ci vediamo alle nove meno un quarto?
Marina   Va bene. Dove?
Monica   Al bar Smeraldo. Va bene?
Marina   No, è troppo lontano. Puoi venire in piazza
          Garibaldi?
Monica   Va bene, ci vediamo in piazza Garibaldi. Ciao.
Marina   Ciao.

📼 Dialogo 4

On a bus you overhear this conversation between a tourist and a local child. Do Italian children go to school on Saturdays? And in the afternoon?

Turista   Vai a scuola tutti i giorni?
Bambino   Sì, tutti i giorni, eccetto la domenica.
Turista   Allora vai a scuola anche il sabato!
Bambino   Sì, anche il sabato: da ottobre a giugno.
Turista   A che ora cominciano le lezioni?
Bambino   Cominciano alle otto e mezzo e finiscono a
           mezzogiorno e mezzo.
Turista   E il pomeriggio?
Bambino   Il pomeriggio sto a casa a fare i compiti.

—————————— **Spiegazioni** ——————————

1 Telling the time

To ask *what's the time?* you can either say **che ore sono?** or **che ora è?** (literally: what hours are they? or what hour is it?). The answer will be **sono le...** followed by the time.

When it's *midday* **mezzogiorno**, *midnight* **mezzanotte** or *one* **l'una**, you say **è mezzogiorno, è mezzanotte, è l'una**.

The easiest way to give the time is to say the hour followed by the minutes. The word **minuti** is not necessary.

Sono le sette e cinque	**Sono le sette e trentacinque**
dieci	**trentacinque**
quindici or	**quaranta**
un quarto	**quarantacin-**
a quarter	**que** or **tre**
venti	**quarti**
venticinque	*three quar-*
trenta or	*ters*
mezzo *half*	**cinquanta**
	cinquantacin-
	que

When the time is from twenty minutes to the hour onwards e.g. *twenty to nine/a quarter to nine* etc. you may say **sono le nove meno venti/sono le nove meno un quarto** etc. This literally means it's nine minus ... minutes and you will hear it used in everyday speech. Formal announcements of time are given using the 24-hour clock.

2 Days

On Mondays, on Tuesdays etc. is translated by **il lunedì, il martedì** (**domenica** is feminine so you say **la domenica**).

> **Lavoro dal lunedì al venerdì ma il sabato e la domenica non lavoro.**

3 Yesterday/tomorrow

Ieri, oggi, domani, dopodomani never change. **Ieri, domani** and **dopodomani** can combine with **mattina, pomeriggio** and

sera; oggi can combine only with **pomeriggio**, e.g. **ieri sera** *yesterday evening*, **domani mattina** *tomorrow morning*, **domani pomeriggio** *tomorrow afternoon*, **oggi pomeriggio** *this afternoon.*

4 Città and località

Like all words ending with an accented vowel, **città and località** do not change in the plural.

5 Irregular Verbs

dovere	*to have to, must*	**potere**	*to be able, can, may*
devo	*I must*	**posso**	*I can*
devi	*you (inf.) must*	**puoi**	*you (inf.) can*
deve	*he, she, it, you (formal) must*	**può**	*he, she, it, you (formal) can*
dobbiamo	*we must*	**possiamo**	*we can*
dovete	*you (pl.inf.) must*	**potete**	*you (pl. inf.) can*
devono	*they, you (pl. formal) must*	**possono**	*they, you (pl. formal) can*

Dovere and **potere** are usually followed by an infinitive, eg. **Devo** partire alle tre. *I must leave at 3 o'clock.*

 ───────── **Pratica** ─────────

1 Here are the booking times for the theatre Politeama Margherita.

(a) Can you book at lunch-time?

(b) On which day of the week can you book one hour before the show?

2 *(a)* Does the advertisement say at what time the Victor Hugo play starts?

(b) On what day and at which time can you see the play at Sala E. Duse?

TEATRI

POLITEAMA MARGHERITA
(Via XX Settembre 20) - Tel. 589.329-591.697
Biglietteria - Orario: da lunedì a sabato dalle 10 alle 12,30 e dalle 15,30 alle 19. Aperture domenicali: un'ora prima dello spettacolo.

TEATRO DELLA CORTE
(Piazza Borgo Pila 42) - Biglietteria: via E.F. Duca d'Aosta - Tel. 570.24.72
Sono in corso le prove di "Mille franchi di ricompensa" di Victor Hugo - Regia: Bruno Bezzon - In scena dal 5/6.

SALA E. DUSE
(Via N. Bacigalupo) - Tel. 873.420
Biglietteria: da lunedì, ore 15-19 - Prezzo: L. 20.000/15.000. Gruppi L. 10.000.
Giovedì, ore 21: "Né più né meno... meno" di Mario Jorio. Da Samuel Beckett - Int.: Annig Raimondi.

3 (*a*) You wish to know what time the chemist's opens. How do you ask a passer-by? Remember to attract his/her attention first.

_____?

(*b*) Can you unscramble this sentence?
A comincia che lo spettacolo ora?

_____?

(*c*) Provide the question for the following answer:

_____?

La mattina aprono alle otto e mezzo.

4 Assuming that today is Tuesday the 15th, how would you define the following times using one of the combinations explained above?

lunedì 14 alle 2000 = ieri sera.

(*a*) mercoledì 16 alle 1030 _____

(*b*) giovedì 17   alle 2000 _____

(*c*) lunedì 14   alle 0900 _____

(*d*) martedì 15   alle 1430 _____

(*e*) mercoledì 16 alle 2100 _____

Chiuso per ferie
dal 3 8 al 16 8

ORARIO: 7.30–12.30
            15.30–19.30

APERTURA
DOMENICA   7.30–12.30

CHIUSURA SETTIMANALE
LUNEDÌ

5 Using the words in the box complete the sentences

(a) _____ comincia il film?

(b) Sono le tre. Il negozio non è aperto: _____ .

(c) _____ chiude il bar?

(d) La farmacia è chiusa: deve ritornare _____ .

(e) La domenica i negozi sono _____ .

è troppo presto		più tardi
	chiusi	
quando?		quando?

Read the following passage as many times as necessary to enable you to understand it.

L'Italia e gli italiani   Gli orari dei negozi

La mattina i negozi aprono alle otto e trenta e chiudono alle dodici e trenta per il pranzo. Il pomeriggio riaprono alle quindici e trenta e la sera chiudono alle diciannove e trenta. In alcune località aprono e chiudono mezz'ora più tardi. La domenica e nei giorni festivi i negozi sono generalmente chiusi eccetto in alcune località turistiche dove molti negozi sono aperti. Anche molti bar sono aperti la domenica e nelle città c'è sempre una farmacia aperta. In ogni farmacia c'è una lista di quelle aperte la domenica e la notte. Generalmente il mercoledì pomeriggio i negozi di generi alimentari sono chiusi ma i supermercati sono aperti.

per il pranzo	for lunch
alcune	some
località	places
mezz'ora	half an hour
generalmente	generally
giorni festivi	holidays
anche	also
molti	many
città	cities/towns
sempre	always
lista di quelle	list of those
generi alimentari	food-stuffs

☑ Un piccolo test

Give the questions for the following answers:

1 _____ ?

La sera i negozi chiudono alle sette e mezzo.

2 _____ ?

Sì, la domenica c'è sempre una farmacia aperta.

3 _____ ?

I negozi di generi alimentari chiudono il mercoledì pomeriggio.

4 _____ ?

Sì, la domenica molti bar aprono.

5 _____ ?

No, il mercoledì pomeriggio i supermercati non chiudono.

7

A CHE ORA PARTE?
What time does it leave?

In this unit you will learn

- how to ask for and understand information about trains
- how to ask for single and return tickets
- how to understand train announcements

Prima di cominciare

The ability to make your own travel arrangements will give you greater independence, flexibility and confidence. Since travel arrangements involve times and dates you may find it helpful to refer back to Unit 6.

In some units you will find patterns (or conjugations) for irregular verbs to learn by heart. If you find it hard to remember the whole conjugation, concentrate on the 1st and 3rd persons singular as these are the ones that you will need the most.

Attività

1 A tourist asks you why the chemist is not open. You answer that it is too early, and that the shops open at half past three.
2 Ask a passer-by what time the shops close on a Saturday afternoon.

3 You are at the theatre: ask when the performance ends.
4 A lady asks you how long the film lasts: what does she say?
5 The hotel receptionist asks you **Quando parte, signora?**
   You tell him that you will leave in a week's time.

Parole e frasi chiave

Da dire e da capire

a che ora parte?	what time does it leave?
il prossimo treno per...	the next train to...
a che ora arriva?	what time does it arrive?
fare il biglietto	to buy the ticket
un biglietto di andata	a one-way ticket
un biglietto di andata e ritorno	a return ticket
per quanto tempo è valido?	how long it is valid for?
devo cambiare?	must I change?
ferma a ...?	does it stop at...?
il binario	platform
a che binario arriva?	on what platform does it arrive?
va direttamente a...?	does it go directly to...?
la coincidenza	connection
viaggiare	to travel
il treno è in anticipo	the train is early
il treno è in ritardo	the train is late
il treno è in orario	the train is on time
di solito	usually
vorrei sapere	I would like to know
l'orario	timetable
l'orario feriale	weekly timetable
l'orario festivo	Sunday and holiday timetable
il treno è in arrivo	the train is arriving
il treno è in partenza	the train is leaving
prima (classe)	first class
prima di	before
seconda (classe)	second class
prenotare il posto	to book the seat
pagare il supplemento	to pay the surcharge
dunque...	well then
sono sospesi	don't run (lit: are suspended)
paga la tariffa ridotta?	does he/she pay a reduced fare?
il (treno) locale	local train stopping at all stations
diretto	train stopping at all but smallest stations
rapido	inter-city train
super-rapido	first-class only inter-city train
l'espresso	train stopping at main stations

✳ *Early* can also be translated by **presto** in other contexts:

> **La mattina vado al lavoro**   *I go to work very early in the*
> **molto presto.**   *morning.*

Dialoghi

📼 Dialogo 1

At the station you overhear the following conversation between a traveller and the clerk at the ticket office. Does the train leave in the morning? Is it a through train?

Viaggiatore	**A che ora parte il prossimo treno per Firenze?**
Impiegato	**Alle tredici e quindici.**
Viaggiatore	**Va direttamente a Firenze o devo cambiare?**
Impiegato	**Deve cambiare a Pisa.**
Viaggiatore	**A che ora arriva a Pisa?**
Impiegato	**Alle quindici e ventinove. La coincidenza è alle quindici e cinquantacinque.**
Viaggiatore	**Va bene, grazie. Due biglietti per Firenze, seconda.**
Impiegato	**Solo andata?**
Viaggiatore	**Andata e ritorno. A che binario arriva?**
Impiegato	**Al primo binario.**
Viaggiatore	**Sa se il treno è in orario?**
Impiegato	**Non lo so. Di solito viaggia con alcuni minuti di ritardo.**

📼 Dialogo 2

Where is Francesca travelling to? Is she going alone?

Francesca	**Buongiorno. Vorrei sapere l'orario dei treni per Como.**
Impiegato	**Quando vuole viaggiare?**
Francesca	**Domani mattina.**
Impiegato	**Domani è domenica: c'è l'orario festivo, alcuni treni sono sospesi. Dunque... c'è un treno**

che parte alle otto e cinquantasei. A Milano
ha la coincidenza per Como alle nove e dodici.

Francesca   Il treno per Milano è un rapido?
Impiegato   Sì, deve prenotare e pagare il supplemento.
Francesca   La bambina ha sette anni, paga la tariffa
            ridotta?
Impiegato   Sì.

 ——————— **Spiegazioni** ———————

1 Irregular verbs

sapere *to know*	**andare** *to go*	**fare** *to do, to make*
so	vado	faccio
sai	vai	fai
sa	va	fa
sappiamo	andiamo	facciamo
sapete	andate	fate
sanno	vanno	fanno

In Italian there are two verbs for *to know*:

(*a*) **sapere**, which is irregular, is used to express the knowledge of a fact: **so le notizie** *I know the news*, **so che Maria arriva questa sera** *I know that Maria arrives this evening*; when **sapere** is followed by an infinitive it means *to know how to (to be able to)* **Angela sa guidare** *Angela can drive*;

(*b*) **conoscere**, which is a regular verb, is used to mean *to be acquainted with* (usually a person or a place): **conosco Roma** *I know Rome*; **conosco Giacomo** *I know James.*

Remember that -**sc** before -**o** is pronounced like a -k whereas before -**i** or -**e** it is pronounced like -sh.

2 Fare

Fare il biglietto *to buy a ticket.* Although **fare** means *to make* or *to do*, it is used in many idiomatic phrases such as: **fare la spesa** *to go shopping*; **fare colazione** *to have breakfast*; **fare le valigie** *to pack.*

3 It is necessary to

Bisogna = **è necessario** *it is necessary/one must*, is always followed by the infinitive of the verb:

Bisogna cambiare a Genova.	*It is necessary to change at Genoa.*

4 Ed/ad

For easier pronunciation, when **e** (*and*) and **a** (*to*) occur before a word starting with a vowel a **-d** is added:

Maria ed Elena vanno in vacanza.	*Maria and Elena go on holiday.*

5 Dunque/allora

Dunque (*so/therefore*) and **allora** (*then*) are frequently used in Italian at the beginning of a sentence and, as with the English *well*, they have no particular meaning.

 —————————— **Pratica** ——————————

1   From the box below select the correct answers to the questions and complete the dialogue.

no, prima	**andata e ritorno**
sì, ecco	**domani mattina**

Impiegato	**Quando desidera viaggiare?**
Viaggiatore	_____ .
Impiegato	**Solo andata?**
Viaggiatore	_____ .
Impiegato	**Seconda classe?**
Viaggiatore	_____ .
Impiegato	**Seimilaottocento. Ha ottocento lire?**
Viaggiatore	_____ .
Impiegato	**Grazie. Ecco quattromila di resto.**

2 Listen to the announcements on the tape, or read them out loud, and tick the right answer (**allontanarsi** = *to go away*; in this context *to keep at a distance*).

(*a*) **Treno locale per Genova delle ore sędici e trenta-cinque viaggia con venti minuti di ritardo.**
(*b*) **Il treno espresso da Roma per Losanna è in arrivo al binario quattro.**
(*c*) **Attenzione. Attenzione. Il treno rąpido da Roma per Parigi è in trąnsito al binario due. Allontanarsi dal binario due.**

(*a*) Il treno per
Genova

ferma in tutte le stazioni.	☐
non ferma in tutte le stazioni.	☐
è in orario.	☐

(*b*) Il treno
espresso

va a Roma.	☐
va a Losanna.	☐
ha quattro minuti di ritardo.	☐

(*c*) Il treno rapido

ferma a Genova.	☐
ferma a Parigi.	☐
è in anticipo.	☐

3 Unscramble these sentences:
(*a*) un Roma ritorno andata di per biglietto e
(*b*) treno binario che a arriva da il Genova?
(*c*) tre valido il è biglietto giorni per
(*d*) a parte ora che il Firenze per rapido?
(*e*) festivo sapere vorrei l'orario
(*f*) direttamente cambiare va o devo?
(*g*) ritardo di minuti alcuni treno il viaggia con

4 Play the part of the man at the ticket office.

Viaggiatore	**Scusi, a che ora parte il prọssimo treno per Roma?**
Impiegato	(*The next train to Rome leaves at 1002.*)
Viaggiatore	**Va direttamente a Roma o bisogna cambiare?**
Impiegato	(*It is necessary to change at Padova.*)

Viaggiatore	**A che ora è la coincidenza?**
Impiegato	*(The connection is at 1100 and you arrive in Rome at 1830.)*
Viaggiatore	**È un treno diretto?**
Impiegato	*(No, it is an inter-city train. You must pay a surcharge.)*
Viaggiatore	**Bisogna prenotare il posto?**
Impiegato	*(Yes, it is necessary to book the seat.)*
Viaggiatore	**Allora un biglietto per Roma, per favore.**
Impiegato	*(Single?)*
Viaggiatore	**Per quanto tempo è valido il biglietto?**
Impiegato	*(Three days.)*
Viaggiatore	**Allora andata e ritorno.**
Impiegato	*(First or second class?)*
Viaggiatore	**Seconda.**

5   Write down the answers to the previous exercise and check them against the answers at the end of the book. Then, without looking at the book, write the questions to the answers you have written.

6   Look at these conventional timetable signs and explanations. What is the sign which means it is necessary to book?.

Spiegazioni dei segni convenzionali ed abbreviazioni

EC *"Eurocity"*	Treno di qualità in servizio internazionale	Ⓡ Treno a prenotazione obbligatoria con assegnazione gratuita del posto	(1),(2),(3)...ecc. Richiami utilizzati per le annotazioni riportate in calce, o di fianco, ai quadri orario
IC *"Intercity"*	Treno di qualità in servizio interno a prenotazione facoltativa (senza segno Ⓡ) con assegnazione gratuita del posto	✳ Treno sospeso nei giorni festivi	a,b,c,...ecc.
		✴ Treno sospeso il sabato e nei giorni festivi	
Expr	Treno Espresso		
Dir	Treno Diretto	† Treno che si effettua nei giorni festivi	
Loc	Treno Locale	✕ Treno con carrozza ristorante	I Questo trattino posto in luogo delle ore di fermata, sta a significare che il treno non ferma nella stazione corrispondente; le località ove non sono indicate né ore di fermata né trattino di transito, non sono comprese nell'itinerario del treno
1cl	Servizio di 1ª classe	⊠ Treno con carrozza buffet-bar con pasti costituiti da cibi precotti, ad eccezione del primo piatto servito espresso	
2cl	Servizio di 2ª classe		
🛏	Carrozza letti	⊗ Treno con carrozza self-service	
▬	Carrozza cuccette	⚲ Treno con servizio ristoro	
🚌	Servizio automobilistico		

Precede l'ora di partenza in una località ove la fermata è facoltativa, da effettuarsi su richiesta del viaggiatore in partenza al capostazione, o al capotreno se il viaggiatore intende scendere in tale località

7

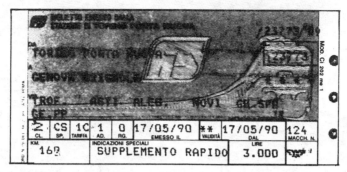

(a) What sort of train would you be on if you were using the ticket above?

(b) What is the final destination of the ticket below?

(c) Can you decide if it's for a 'special' train (i.e. inter-city)?

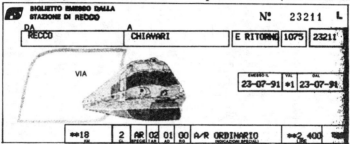

L'Italia e gli italiani   I treni

I treni in Italia sono a buon mercato e generalmente sono comodi. Il **treno locale** è un treno che ferma in tutte le stazioni ed ha prima e seconda classe. Anche il **treno diretto** ha due classi e ferma nella maggior parte delle stazioni. L'**espresso** fa viaggi a lunga distanza e ferma soltanto nelle stazioni più importanti. Il **rapido** è un treno molto veloce che ferma soltanto nelle stazioni importanti; alcuni treni rapidi hanno soltanto carrozze di prima classe; in questi treni bisogna pagare un supplemento (circa il trenta per cento = 30% della tariffa ordinaria); i bambini pagano l'intero supplemento; in alcuni rapidi è necessario riservare il posto. Il **super rapido** o **TEE** (Trans Europe Express) è un treno di lusso con soltanto carrozze di prima classe ed anche per questo treno bisogna pagare un supplemento speciale e riservare il posto.

comodi	comfortable
soltanto	only
carrozze	carriages
intero	whole
anche	also

✍ Un piccolo test

This is part of an Italian railway timetable. Study it carefully.

50															(Roma-Pisa)-**La Spezia-Sestri Levante-Genova**				
Dist. Km.	600 IC 1.2	11346 Loc 1.2	1676 Expr 1.2 (1)	2256 Dir 1.2 (2)	11246 Loc 2cl	602 IC 1.2	6238 Loc 2cl	11250 Loc 2cl (3)	2310 Dir 1.2	11292 Loc 2cl	11254 Loc 1.2	606 IC 1.2	11296 Loc 2cl	2130 Dir 1.2	11380 Loc 1.2	2312 Dir 1.2	6240 Loc 2cl	11260 Loc 2cl	11258 Loc 2cl
Roma p	②											⊗655							
Livorno C. p	a527	821				655			710							910			
Pisa C. p	742	836				949			1049		per Sa-vona	per Sa-vona 1154		per Mi-lano	per Al-benga	1252		per Ge. Voltri	
La Spezia C. a	833	923				1004		per Aren-zano	1105		1209	1209				1308			
Parma p			731			1054			1209		1258	1013				1412			
La Spezia C. a			947									1228							
412 La Spezia C. p	835	903	926	950	1037	1056	1120		1211	1222		1300	1303		1333	1414	1417		1500
419 Riomaggiore	DI	911			1045		1127			1230			1311		1341	1424			1508
420 Manarola	DI	914			1047		1129			1233			1313		1344	1427			1511
422 Corniglia	OI	918			1051		1132			1237			1317		1348	1431			1515
425 Vernazza	NI	922			1055		1136			1241			1321		1353	1435			1519
428 Monterosso	AI	927		1006	1059		1140			1245			1325		1357	1439			1524
433 Levanto	TI	933		1011	1104		1145		1228	1251			1330		1402	1431	1444		1529
436 Bonassola	EI	938			1109	RI	1148			1256		RI			1407		1448		1534
438 Framura	LI	943			1114	RI	1152			1301					1412		1452		1539
442 Deiva Marina	LI	949			1119	EI	1156			1305		GI			1417		1456		1544
446 Moneglia	OI	955			1124	NI	1200			1310		NI			1422		1500		1549
452 Riva Trigoso		1002			1130	OI	1205			1316		AI			1428		1505		1555
456 Sestri Levante		1007		1027	1135		1208	1215	1245	1320	1312	NI	1336	1433	1448	1509	1532		1600
459 Cavi					1139			1219		1316		OI			1438				
461 Lavagna					1143			1223		1320				1343	1442				1538
463 Chiavari	910			1035	1148			1227	1253	1324				1348	1447	1456			1542
468 Zoagli					1154			1233		1329				1355	1450				
472 Rapallo	919			1045	1159			1238	1301	1334	1341			1401	1457	1505			1550
475 S. Margherita Lig.				1050	1204			1242	1305	1338				1406	1502				1555
478 Camogli-S. Frutt.				1057	1210			1248		1343				1413	1508	1513			1601
481 Recco				1101	1214			1252		1347				1417	1513				1605
483 Mulinetti					1217			1254		1351									
485 Sori					1221			1257		1355									
487 Pieve Ligure	per Tori-no				1224			1301		1359	per To-rino			1425	1520 1524				
488 Pontetto								1304		1402									
489 Bogliasco					1228			1306		1405					1529			1613	
490 Ge-Nervi				1111	1232			1310		1409				1431	1534			1617	
492 Ge-Quinto					1235			1313		1413					1538				
494 Ge-Quarto					1239			1316		1417					1542				
496 Ge-Sturla					1243			1319		1420					1546				
499 Genova Br. a	947	1032	1120	1246	1206			1323	1330	1424	1408			1441	1550	1533		1625	
501 Genova P.P. a	955	1042	1128		1214			1330	1337	1430	1416			1448	1558	1540		1635	

Using the timetable answer the following questions:

1 Lei è a Roma e desidera essere a Rapallo prima delle due del pomeriggio: che treno prende?
2 Su questo treno c'è la carrozza ristorante?
3 Ferma a La Spezia?
4 Questo treno va direttamente a Rapallo o bisogna cambiare?
5 La prenotazione è obbligatoria?

8

CHE COSA VUOI FARE OGGI?
What do you want to do today?

In this unit you will learn

- how to say what you want to do
- how to understand and ask for advice
- how to make comparisons

Prima di cominciare

As you know, irregular verbs need to be learnt by heart: try to recite them whenever you can. For this unit you will particularly need to revise **andare, potere** and **dovere**.

Always read aloud everything that you meet which is written in Italian.

Attività

Your friend is coming from Milan by the 7.55 train. You go to the station to collect her but you arrive a little late and there is no sign of the train: you ask the **ufficio informazioni** if the train is late. The answer is: *yes, it is running twenty minutes late*. You then ask on which platform it will arrive: *it will arrive on platform 7*. Build the dialogue:

You   Il _____ da _____ delle _____ è _____

            _____ ?

Impiegato   Sì _____ con _____ _____ _____

            _____ .

You   A _____ _____ arriva?

Impiegato   _____ al _____ _____ .

 ——————— **Parole e frasi chiave** ———————

Da dire e da capire

voglio stare a casa	I want to stay at home
guardare la televisione	to watch television
vedere la partita	to see the match
andare a teatro	to go to the theatre
a fare una passeggiata	for a walk
a fare la spesa	shopping
al cinema	to the cinema
al mare	to the seaside
in ufficio	to the office
in campagna	to the country
in montagna	to the mountains
in città	to town
ne voglio tre	I want three (of them)
ne voglio alcuni	I want some (of them)
preferisco uscire	I prefer to go out
quale mi consiglia?	which one do you recommend?
che cosa mi consiglia?	what do you recommend?
adesso	now
poi	then/after that
compleanno	birthday
comprare un regalo	to buy a present
pensare	to think
non lo ha ancora	he/she doesn't have it yet
mentre	while
per vedere	to see
due posti	two seats
li prendo?	shall I take them?
vita	life
piano	floor/storey

---

pensa che	(just) think
palazzo	building
l'ascensore non funziona mai	the lift never works
ne abbiamo molte	we have many (of them)
secondo me	in my opinion
abbastanza interessante	quite interesting
quest'altra	this (other) one
spiega in dettaglio	it explains in detail
costa di più	it costs more
le opere d'arte più interessanti	the most interesting works of art
prezzo	price

Numeri ordinali

1st	**primo**	5th	**quinto**	9th	**nono**
2nd	**secondo**	6th	**sesto**	10th	**decimo**
3rd	**terzo**	7th	**settimo**	11th	**undicesimo**
4th	**quarto**	8th	**ottavo**	12th	**dodicesimo**

From the 11th onwards, ordinal numbers are formed by dropping the final vowel of cardinal numbers and adding **-esimo** at the end (except in the case of **-tre: ventitreesimo, trentatreesimo** etc). As the ordinal numbers are adjectives, their endings need to agree with the noun they qualify:

> **la prima volta**   *the first time*
> **al terzo piano**   *on the third floor*

With dates they are used only with the first day of the month; for other dates the simple cardinal number is used:

> **il primo luglio**   *the first of July*
> **il due agosto**   *the second of August*

Dialoghi

Dialogo 1

Since Sergio and Francesca are married they use the **tu** form when speaking to each other. Today is Saturday and they are planning what to do.

Sergio   **Che cosa vuoi fare oggi?**
Francesca   **Adesso devo andare al supermercato, poi voglio andare in libreria a comprare un regalo**

	per il compleanno di Chiara.
Sergio	Che cosa pensi di comprare?
Francesca	Mah, non so, forse l'ultimo libro di Umberto Eco: so che non lo ha ancora.
Sergio	Puoi comprare alcune penne biro per me? Le vorrei rosse.
Francesca	Va bene, mentre sono in centro voglio andare al teatro Margherita a vedere se ci sono due posti per questa sera: c'è 'Aida'. Se ci sono li prendo?
Sergio	Va bene, se hanno i biglietti andiamo all'opera ma se non li hanno possiamo andare al cinema: c'è un film sulla vita di Mozart che voglio vedere.
Francesca	Tu dove vai?
Sergio	Io devo andare da Paolo per un consiglio riguardo al lavoro. Pensa che abita al sesto piano in un palazzo dove l'ascensore non funziona mai!

📼 Dialogo 2

While Francesca is in the bookshop, she decides to buy a guidebook on the most artistic Italian cities. Does she buy the smaller or larger book?

Francesca	Ha una guida illustrata delle città italiane?
Libraio	Ne abbiamo molte, signora.
Francesca	Ne vorrei una non troppo cara ma interessante. Lei che cosa mi consiglia?

Libraio	Secondo me queste due sono le migliori: questa costa di meno perché ha fotografie in bianco e nero ma è abbastanza interessante; quest'altra ha molte illustrazioni a colori e spiega in dettaglio le opere d'arte più interessanti; costa di più ma è più completa.
Francesca	Qual è la differenza di prezzo?
Libraio	Dunque, la piccola costa venticinquemila lire, quella più grande costa quarantadue mila: diciassettemila lire di differenza.
Francesca	Quella grande mi piace di più: la prendo.

Spiegazioni

1 Him, her, it and them

lo, la, li, le: these words translate *him, her, it* and *them*:

Vedo Mario	**lo vedo**	*I see Mario*	*I see him*
Mangio la frutta	**la mangio**	*I eat fruit*	*I eat it*
Leggo i libri	**li leggo**	*I read the books*	*I read them*
Compro le penne	**le compro**	*I buy the pens*	*I buy them*

2 Talking about the future

Li prendo? *shall I take them?* In spoken Italian, when referring to the future, the present tense is widely used:

Domani vado al cinema.	*Tomorrow I am going/will go to the cinema.*
L'estate prossima vado in vacanza alle Bahamas.	*Next summer I am going on holiday to the Bahamas.*

3 Of them/of it

Ne abbiamo molte *We have many of them.* **Ne** stands for *of them*. It is used with expressions of quantity or with numerals. In English the corresponding words are often omitted.

Quanto prosciutto vuole?	*How much ham do you want?*
Ne voglio due etti.	*I want two hundred grams (of it).*
Ha bambini?	*Do you have any children?*
Sì, ne ho due.	*Yes I have two (of them).*

4 Comparisons

In English there are two ways to say *more* and *most*: with short words -*er* or -*est* are added (*rich, richer, richest*) and with longer words *more* or *most* are used (*intelligent, more intelligent, the most intelligent*). Italian always uses **più** for *more* and **più** preceded by the definite article (**il, la** etc.) for *most*.

Questa borsa è grande.	*This bag is large.*
Questa borsa è più grande.	*This bag is larger.*
Questa borsa è la più grande.	*This bag is the largest.*

Meno, besides *minus*, means *less* and is used in the same way as **più**.

Questa casa è grande.	*This house is large.*
Questa casa è meno grande.	*This house is less large.*
Questa casa è la meno grande.	*This house is the least large.*

✳ At the end of a phrase **di più** or **di meno** are used:

Lui lavora di più.	*He works more.*
Voglio spendere di meno.	*I want to spend less.*

✳ **Di** (or **di** + article) are used to translate *than*:

Roberto è più giovane di Carlo.	*Roberto is younger than Carlo.*
Il pane costa meno della carne.	*Bread costs less than meat.*

5 Irregular adjectives and adverbs

Note the following irregular adjectives and adverbs (adverbs are words which describe a verb).

buono	*good*	**migliore**	*better*	**il migliore**	*the best*
bene	*well*	**meglio**	*better*	**il meglio**	*the best*
cattivo	*bad*	**peggiore**	*worse*	**il peggiore**	*the worst*
male	*badly*	**peggio**	*worse*	**il peggio**	*the worst*

La bistecca è buona ma il pesce è migliore.

The steak is good but the fish is better.

Jane parla bene ma Claire parla meglio.

Jane speaks well but Claire speaks better.

Pierino è cattivo ma suo fratello è peggiore.

Pierino is bad but his brother is worse.

6 Irregular verbs

volere *to want*	**stare** *to stay/to remain*
voglio	**sto**
vuoi	**stai**
vuole	**sta**
vogliamo	**stiamo**
volete	**state**
vogliono	**stanno**

 ———————— **Pratica** ————————

1 A group of Italian teenagers meet in a cafe and discuss how to spend the afternoon.

   (*a*) Sara wants to go for a walk.
   (*b*) Bruno prefers to go to the cinema.
   (*c*) Giovanni wants to go to the seaside.
   (*d*) Franco prefers to stay in town.

(e) Barbara, who does not like any of the proposed activities, says she wants to go home!

Make up a dialogue:

(a) Sara   **Io** _____ .

(b) Bruno   **Io** _____ .

(c) Giovanni   **Io** _____ .

(d) Franco   **Io** _____ .

(e) Barbara   **Io** _____ .

2   Using the information in **Pratica 1** above, say and write what the five teenagers want to do.

(a) **Sara vuole andare a fare una passeggiata.**

(b) _____ .

(c) _____ .

(d) _____ .

(e) _____ .

3   Choose a verb from the first column, add a word from the second column and then one from the third to make a meaningful sentence. You should be able to create at least eight.

(a) voglio	vedere	domani
(b) posso	guardare	a casa
(c) preferisco +	andare +	Maria
(d) devo	uscire	a Roma
	stare	la televisione

4   Answer the following questions using **ne**:

(a) Quanti panini vuole? *(three)*

Ne voglio tre.

(b) Quante automobili ha? *(one)*

(c) Quanti ne prende? *(eight)*

_____

(d) Quanto formaggio vuole? *(100 grams)*

_____

(e) Quanti anni ha? *(twenty-eight)*

_____

(f) Quante valigie ha? *(two)*

_____

5 Using the words in the box complete the following sentences (**sta male** = *is not well*):

(a) **Questo vino è buono ma quello è** _____ **.**

(b) **Marta sta male ma io sto** _____ **.**

(c) **Questo programma è cattivo ma l'altro è** _____ **.**

(d) **Il film mi piace ma il libro mi piace** _____ **.**

(e) **Questa guida è più piccola: costa** _____ **.**

di meno	**peggiore**
di più	
migliore	**peggio**

6 The receipt overleaf records the purchase of four books. Using the Italian words for expensive, more expensive and less expensive fill in the spaces.

Il libro che costa L25.000 è _____ **ma quello da L48.000 è** _____ _____ **. I due libri da L24.000 e L18.000 sono i** _____ _____ **.**

```
* LIBRERIA DRUETTO *
PIAZZA C.L.N. 223 TO
P.IVA 00484520010
D03           48 000 R
D03           24 000 R
D03           25 000 R
D02           18 500 R

             115 500 TL

37           16-05-90

/f=BA         6226353
```

Read the following passage as many times as you need to get the gist of it and read it aloud several times before recording it to practise your pronunciation.

L'Italia e gli italiani   La passeggiata

Agli italiani non piace stare a casa: preferiscono uscire il più possibile. Uomini e donne, dopo il lavoro in ufficio o a casa, vanno a fare una passeggiata in centro dove incontrano gli amici. Mentre passeggiano sul corso, parlano dei loro problemi, di sport, di politica e di argomenti di attualità; durante la buona stagione siedono ai tavoli dei bar all'aperto e prendono l'aperitivo.

Moltissimi italiani che abitano in città, durante il fine settimana vanno in montagna o al mare. La domenica quelli che restano in città, vanno a vedere la partita di calcio oppure vanno a... passeggio. Alcuni che restano a casa guardano la televisione ma spesso non lo vogliono ammettere.

incontrare	to meet
corso	main street
argomenti di attualità	current affairs
sedere	to sit
all'aperto	in the open
partita di calcio	football match
restare	to remain
non lo vogliono ammettere	they don't want to admit it

🔖 Un piccolo test

You are buying some wine and you comment to the shop assistant as follows:

1 Which is the best?
2 Which one do you recommend?
3 I don't want a sweet wine.
4 I want to spend less.
5 I prefer this one.
6 I want three litres (*of it*).

9

QUANDO SI ALZA?
When do you get up?

In this unit you will learn

- how to talk about the things you do every day
- how to say something happens often, never, rarely or sometimes
- the use of someone, no one, something, anything, nothing

Prima di cominciare

✳ With the help of a dictionary make your own sentences, invent new questions and answer them. Write amusing plays based on the dialogues you have memorised and then record them. Write captions in Italian on a photograph album. You will find the experience enjoyable and you will learn a great deal in many unexpected ways.

☑ Attività

Read again **L'Italia e gli italiani** in Unit 8 and answer the following questions in Italian.

1 Agli italiani piace stare a casa?
2 Che cosa preferiscono fare?
3 Dopo il lavoro dove vanno?
4 Di che cosa parlano?

5 Che cosa prendono al bar?
6 Moltissimi italiani dove vanno durante il fine settimana?

 ——————— **Parole e frasi chiave** ———————

mi sveglio presto	I wake up early
mi alzo alle sette	I get up at seven
mi lavo tutti i giorni	I wash every day
sempre	always
vado sempre in campagna	I always go to the country
mai	never/ever
non vado mai al cinema	I never go to the cinema
spesso	often
vado spesso a teatro	I often go to the theatre
qualche volta	sometimes
qualche volta esco	I sometimes go out
altre volte sto a casa	at other times I stay at home
qualche cosa/qualcosa	something
c'è qualcosa di interessante	there is something interesting
c'è qualcuno	there is someone
c'è nessuno?	is anybody there?
non c'è nessuno	there is nobody
non viene nessuno	nobody comes
non conosco nessuno	I don't know anybody
non c'è niente d'interessante	there is nothing interesting
non c'è mai niente d'interessante	there is never anything interesting
non fumo più	I don't smoke any longer
anche	even
intera	whole
come lo passate?	how do you spend it?
tutti e tre	the three of us
se mia sorella ci viene a trovare	if my sister comes to see us
oppure	or
al massimo	at the most
facciamo una passeggiata	we take a stroll
voi fumate ancora?	do you still smoke?
abbastanza presto	fairly early
cucina	kitchen
ne porto una tazza	I take a cup (of it)
certo	sure, of course
adesso è abbastanza grande	now she is big enough
prepariamo la colazione	get breakfast ready
facciamo colazione tutti insieme	we have breakfast all together
verso le otto	at about eight
genitore (m)	parent
godere di	enjoy

A quest'ora (*at this hour*) **nella trattoria non c'è nessuno.**

Dialoghi

Dialogo 1

Michela has just arrived to spend a few days at Sergio's and Francesca's and she enquires how they pass their time.

Michela	**La sera uscite spesso o state a casa?**
Francesca	**Qualche volta usciamo per due o tre sere consecutive, altre volte stiamo a casa anche una settimana intera. Questo la sera, perché di giorno naturalmente usciamo.**
Michela	**E il fine settimana, come lo passate?**
Sergio	**Dipende. Se mia sorella ci viene a trovare, oppure vengono i genitori di Francesca, stiamo a casa o, al massimo, facciamo una passeggiata. Se non viene nessuno andiamo quasi sempre tutti e tre in campagna. Qualche volta vengono anche i miei amici o le amiche di Francesca.**
Michela	**Guardate mai la televisione?**
Francesca	**Generalmente no. Soltanto qualche volta, se c'è qualcosa di estremamente interessante.**

| Michela | *(lighting a cigarette)* **Voi fumate ancora?** |
| Sergio | **No, non fumiamo più.** |

▤ Dialogo 2

Michela asks how they start their day.

Michela	**La mattina a che ora vi svegliate?**
Sergio	**Ci svegliamo abbastanza presto: io mi sveglio alle sei e mezzo, mi alzo, vado in cucina a fare il caffè e ne porto una tazza a Francesca. Poi mi lavo, mi faccio la barba e mi vesto.**
Michela	**E tu Francesca, a che ora ti alzi?**
Francesca	**Io mi alzo alle sette meno un quarto; mi lavo, mi vesto, mi pettino e poi sveglio Valentina.**
Michela	**Valentina si veste da sola?**
Sergio	**Certo: adesso è abbastanza grande. Noi due prepariamo la colazione, e Valentina si veste; poi facciamo colazione tutti insieme. Poi, verso le otto, usciamo.**

♂ ——————— Spiegazioni ———————

1 Reflexive verbs

Io lavo la camicia *I wash the shirt*: in this phrase **io** is the subject, **lavo** the verb, and **la camicia** is the object; the action expressed by the verb is carried out by the subject on the object.

However, in some cases verbs can express an action which 'reflects' back to the subject: in **io mi lavo** *I wash myself*, the action of washing refers back to the subject (*myself*); in this case the verb *to wash oneself* is called a reflexive verb.

Myself, himself, herself etc. are called reflexive pronouns and in most cases, unlike in English, are placed before the verb. *To wash oneself* is formed by replacing the final **-e** of the verb **lavare** (*to wash*) with **-si** thus: **lavarsi** (*to wash oneself*).

lavarsi *to wash oneself*		
(io)	**mi** lavo	*I wash myself*
(tu)	**ti** lavi	*you wash yourself*
(lui, lei, Lei)	**si** lava	*he, she washes him/herself, you wash yourself*
(noi)	**ci** laviamo	*we wash ourselves*
(voi)	**vi** lavate	*you wash yourselves*
(loro, Loro)	**si** lạvano	*they wash themselves*

✳ When a reflexive verb is in the infinitive form its final **-si** is removed and the pronoun is attached to it:

voglio lavarmi	*I want to wash myself*
devo alzarmi	*I must get (myself) up*

Some verbs are reflexive both in English and in Italian:

divertirsi	*to amuse/enjoy oneself*
farsi male	*to hurt oneself*
radersi	*to shave oneself*

Here is a short list of common Italian reflexive verbs:

svegliarsi	*to wake up*	**accorgersi**	*to realise*
alzarsi	*to get up*	**addormentarsi**	*to fall asleep*
vestirsi	*to get dressed*	**scusarsi**	*to apologise (for)*
pettinarsi	*to comb (one's hair)*	**sbagliarsi**	*to be mistaken*
svestirsi	*to get undressed*	**sedersi**	*to sit down*

✳ **Si** also translates *one* in phrases like:

Si vede la differenza.	*One sees the difference.*
Si prende l'autobus.	*One takes the bus.*

2 Mi, ti, ci, vi.

Besides translating *myself, etc.*, these words can also mean *me*, *you* and *us* as in the following examples:

mi vedi?	*do you see me?*
ti telefono domani	*I will ring you tomorrow*
ci scrive spesso	*s/he often writes to us*
vi faccio vedere la strada	*I'll show you (plural) the road*

3   Irregular Verbs

uscire *to go out*	venire *to come*
esco	vengo
esci	vieni
esce	viene
usciamo	veniamo
uscite	venite
escono	vengono

4   Double Negative

In English, with negative words like *never, nothing*, and *nobody/ no one*, **not** is omitted. However, in Italian it is retained and the double negative is used:

non compro niente	*I don't buy anything* (lit. I don't buy nothing)
non parla mai	*he/she never speaks*
non vede nessuno	*he/she doesn't see anybody*

5   Presto/In anticipo

Note the difference between these two expressions:

mi alzo presto	*I get up early*
il treno arriva in anticipo	*the train arrives early*

Presto can mean *early, soon* and *quickly*. **In anticipo** is used when referring to something which happens before a specific (scheduled) time.

6   Tutti e ...

Tutti e tre *the three of us (of them)*; **tutti e quattro** *the four of us (of them)*, etc.

7 Plurals

Most nouns ending in **-co, -ca, -go,** and **-ga** form their plurals
with **-chi, -che, -ghi,** and **-ghe** respectively:

il pacco *parcel*	**i pacchi**	
la banca *bank*	**le banche**	
il fungo *mushroom*	**i funghi**	
il dialogo *dialogue*	**i dialoghi**	

However, a few masculine nouns are exceptions to this rule and
form their plurals with **-ci:**

l'amico *friend*	**gli amici**	
il medico *physician*	**i medici**	

 ——————————— **Pratica** ———————————

 1 Sergio and Francesca are paying you a visit. They propose
that you should address each other with the **tu** form:
diamoci del tu! and you accept: **d'accordo.** You then ask
Francesca about herself:

You	*(What time do you wake up in the morning?)*
Francesca	**Io mi sveglio verso le sei e mezzo.**
You	*(And at what time do you get up?)*
Francesca	**Mi alzo verso le sette meno un quarto.**
You	*(What time do you go out?)*
Francesca	**Esco alle otto.**
You	*(Do you go out by yourself?)*
Francesca	**No, esco con Sergio e Valentina.**
You	*(Do you have breakfast together?)*
Francesca	**Sì, insieme.**

2 Now you turn to Sergio:

You	*(Who prepares breakfast?)*
Sergio	**La prepariamo insieme.**
You	*(Valentina has breakfast with you?)*

Sergio	**Sì.**
You	*(Valentina goes out with you: isn't it too early for her?)*
Sergio	**No, perché in Italia la scuola inizia alle otto e mezzo.**

3 Read aloud **Dialoghi 1** and **2** and then tick the correct column.

	Vero	Falso
(a) La sera Sergio e Francesca escono sempre.	☐	☐
(b) Spesso vanno in campagna per il fine settimana.	☐	☐
(c) Preferiscono stare sempre a casa.	☐	☐
(d) Sergio si alza prima di Francesca.	☐	☐
(e) Francesca fa il caffè.	☐	☐
(f) Valentina si lava prima di tutti.	☐	☐
(g) Valentina sveglia i genitori.	☐	☐

4 Fill in the gaps

(a) **Sergio si** _____ .

(b) **Si** _____ .

(c) **Si fa la** _____ .

(d) **Si** _____ .

(e) Fa _____ con
Francesca e con
Valentina.

(f) Poi _____ tutti
insieme.

  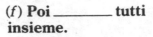 

5 Fill the spaces using the words in the box.

(a) Vado _____ in ufficio, eccetto il sabato e la domenica.

(b) Non vado _____ al cinema.

(c) Vado _____ a teatro.

(d) _____ volta vado in campagna, _____ volte sto a casa.

(e) C'è _____ ?

(f) Non c'è _____ .

(g) Spesso alla televisione non c'è _____ d'interessante.

(h) Quando vado a teatro c'è sempre _____ che ha la tosse (*cough*).

qualcuno	niente	spesso
sempre	nessuno	nessuno
qualche	altre	mai

6 (a) You are in a mountain village and you enter a shop, but the shop assistant seems to be missing. What do you say?
(b) Later you are asked if you know anybody in the village: say you don't.
(c) You then meet a local carrying a basket full of lovely mushrooms. Ask if she often goes mushrooming (andare per funghi).
(d) Ask her if she ever goes to town.

You shouldn't find it too difficult to understand this passage. As a last resort only, go back to Unit 5 where you have the same passage in English.

L'Italia e gli italiani   Le regioni

L'Italia è più o meno grande quanto la Gran Bretagna ed ha circa 57.000.000 di abitanti. È formata da venti regioni che godono di un certo grado di autonomia dal governo centrale. Prima dell' unificazione dell'Italia (1861) ogni regione era (*was*) o uno stato indipendente o parte di qualche altro stato europeo e per questa ragione ogni regione aveva (*had*), e ancora ha, dialetti che possono differire grandemente l'uno dall'altro e dalla lingua standard.

Questi dialetti si riflettono nella pronuncia della lingua ufficiale. Anche le tradizioni, i costumi e la cucina differiscono grandemente da regione a regione. L'avvento della televisione negli anni Cinquanta e la migrazione interna hanno promosso un processo di standardizzazione che è ancora in atto. Il fatto che tutte le città italiane più importanti sono state (*were*) le capitali della loro regione spiega la loro enorme ricchezza artistica.

Un piccolo test

Little Marco is a naughty boy: there are things that he never does, others he does all the time. Make sentences from each pair of words in this way: Si alza **sempre** tardi e **non** si lava **mai**.

sempre	**mai**
alzarsi tardi	lavarsi
vestirsi male	pettinarsi
parlare	ascoltare *to listen*
guardare la televisione	lavorare
divertirsi	studiare
sapere tutto	ubbidire *to obey*

10

HA PRENOTATO?

Did you book?

In this unit you will learn

- how to talk about things that happened at a definite point in the past

Prima di cominciare

While in Italy you will almost certainly need to say that you have or have not done something, e.g. that you have booked or forgotten to book a room or a table. Of course one could get by using all the verbs in the infinitive and say *Ieri io prenotare un tavolo. Ieri* here would be the clue that you are talking about the past.

Attività

Read again **L'Italia e gli italiani** in Unit 9 and answer the following questions in Italian. (You will find that if you read the questions aloud some of the new words that you meet will sound very much like their English translations.)

1 Quanti abitanti ci sono in Italia?
2 Quante regioni ci sono?
3 In che anno è stata unificata l'Italia?
4 I dialetti esistono ancora?
5 Le tradizioni sono simili in tutte le regioni?
6 Perché moltissime città italiane sono artisticamente ricche?

Parole e frasi chiave

ha prenotato?	have you booked?
ho prenotato due posti	I have booked two seats
un tavolo	a table
una camera	a room
ho confermato la prenotazione	I have confirmed the booking
ho perso il treno	I have missed the train
ho perso il biglietto	I have lost the ticket
ho finito il denaro/i soldi	I have finished the money
non ho cambiato la valuta	I have not changed the currency
ho dimenticato il passaporto	I have forgotten the passport
ho mangiato abbastanza	I have eaten sufficiently
ho pagato il conto	I have paid the bill
ho viaggiato molto	I have travelled a lot
ho telefonato alla polizia	I have phoned the police
sono partito (-a) presto	I left early
sono arrivato (-a) tardi	I arrived late
sono uscito (-a) subito	I went out at once
sono entrato (-a) nel negozio	I entered the shop
sono ritornato (-a) a casa	I returned home
sono salito (-a) sull'autobus	I got on the bus
sono sceso (-a) dall'autobus	I got out of the bus
come al solito	as usual
così	so
con calma	calmly/in peace
a proposito	by the way
senti!	listen! (a word very much used by Italians)
la settimana scorsa	next week
varie cose	various things
fare un prelevamento	to withdraw (money)
(= prelevare)	
ci vediamo	we will meet
ritirare	to collect, pick up
per salutarti	to say hello to you
è ritornata da ...	she has returned from ...
ha detto	he/she said
ha visto	he/she saw
per te	for you
hai mangiato	you have eaten
già	already
Egitto	Egypt
l'aereo	aeroplane
dormire	to sleep
vaso	vase
guasto (-a)	out of order, not working

Ho confermato la
prenotazione per telefono.

Ho viaggiato molto.

 ———————— **Dialoghi** ————————

📟 *Dialogo 1*

Sergio and Francesca are organising themselves for their trip to
Paris the next day.

Sergio   **Ho prenotato un tạvolo da *Manuelina* per
questa sera, così non abbiamo il problema di
cucinare e possiamo preparare le valige con
calma. A proposito, hai confermato la prenotazione all'albergo di Parigi?**

Francesca   **Sì, ho confermato la settimana scorsa. Senti,
ieri ho comprato varie cose e ho finito i soldi:
puoi andare in banca a fare un prelevamento?**

Sergio   **Certamente. Hai ritirato gli assegni turistici?**

Francesca   **Sì, ieri. Allora ci vediamo stasera. Buon
lavoro!**

Sergio   **Buon lavoro anche a te. Ciao.**

Dialogo 2

The three of them have now arrived at Manuelina's.

Cameriere	**Ah, i signori Ferrari! Buonasera. Hanno prenotato?**
Sergio	**Sì, un tavolo per tre.**
Cameriere	(*checking the booking*) **Hanno un tavolo riservato in veranda, come al solito. Va bene?**
Sergio	**Benissimo, grazie.**
Cameriere	**S'accomodino.**

In veranda ci sono molti posti.

Dialogo 3

They order their meal and then Sergio tells Francesca that her friend Manuela, who has just arrived back from her holiday, was on the phone earlier.

Sergio	**Oggi ha telefonato Manuela per salutarti: è ritornata dall'Egitto; ha detto che ritelefona più tardi.**
Francesca	**Quando è arrivata?**
Sergio	**Ieri sera. Ha detto che l'aereo è partito con due ore di ritardo così è arrivata a Genova tardissimo ed è andata subito a dormire.**
Francesca	**Sai se è stata al museo del Cairo?**
	(*to Valentina*) **Valentina, mangia più lentamente!**
Sergio	**No, non ha parlato del museo. Ha detto che ha**

visto dei bellissimi vasi e ne ha comprato uno per te.

Valentina   **Mamma, posso prendere un altro gelato?**

Francesca   **No, Valentina, hai già mangiato troppo.**

Spiegazioni

1 Past participle

To talk about the past in simple everyday situations e.g. **ho prenotato una camera** Italians use the present tense of **avere** followed by what is known as the past participle. The past participle is formed by replacing the verb endings **-are**, **-ere** and **-ire** with respectively **-ato**, **-uto** and **-ito**:

Infinitive	Past participle
cenare *to dine*	**cenato**
avere *to have*	**avuto**
spedire *to send*	**spedito**

Ieri ho cenato a casa.   *I dined at home yesterday.*

Maria ha avuto l'influenza.   *Maria has had the flu.*

Ho appena spedito il pacco.   *I've just sent the parcel.*

✳ This form is used to express both something one *has done* and something one *did*.

✳ Some past participles have a form of their own (an irregular form). The most common are:

aprire	to open	aperto
chiudere	to close/shut	chiuso
dare	to give	dato
essere	to be	stato
dire	to tell	detto
fare	to do/to make	fatto
leggere	to read	letto
perdere	to lose/miss	perso
prendere	to take	preso
scendere	to go up/come down	sceso

2 Verbs taking essere

Some verbs of state, e.g. **essere** *to be,* or motion e.g. **andare** *to go,* and all reflexive verbs take **essere** rather than **avere:**

sono andato	*I went*
sono partito	*I left*
mi sono lavato	*I washed myself*

These verbs must agree in number and gender with the subject.

Roberto è arrivato.	*Roberto arrived.*
Manuela è partita.	*Manuela left.*
Vittorio e Paolo sono venuti.	*Vittorio and Paolo came.*
Chiara e Anna sono partite.	*Chiara e Anna left.*

3 More prepositions

Ai, dai, sui, etc. In Unit 3 you saw how the prepositions **a, di, da, in,** and **su** combine with **il, lo,** and **la**; the same prepositions combine with **i, gli,** and **le** in a similar way:

a		= ai		= agli		= alle
di		= dei		= degli		= delle
da	+ i	= dai	+ gli	= dagli	+ le	= dalle
in		= nei		= negli		= nelle
su		= sui		= sugli		= sulle

dalle loro case	*from their homes*
sugli autobus	*on the buses*
sui treni	*on the trains*
nelle banche	*in the banks*

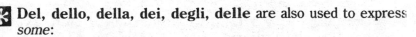 **Del, dello, della, dei, degli, delle** are also used to express *some:*

Vorrei delle fragole.	*I'd like some strawberries.*
Ha dello zucchero?	*Have you got some sugar?*

4 Adverbs

Mangia più lentamente! Words which qualify (illustrate) the verb (**cammino lentamente** *I walk slowly*) are called adverbs. In English they are normally formed by adding *-ly* to the adjective: *slow – slowly*; in Italian **-mente** is added to the feminine form eg. **onesto (m)**, **onesta (f)**.

onesto *honest*	**onestamente** *honestly*
rapido *quick*	**rapidamente** *quickly/rapidly*

Adjectives ending in **-le** and **-re** drop the final **-e** before adding **-mente**:

facile *easy*	**facilmente** *easily*
difficile *difficult*	**difficilmente** *with difficulty*

 ———————— **Pratica** ————————

1 While in Italy you write a diary about your stay. First you jot down in Italian a list of your movements:
   (*a*) you got up early,
   (*b*) had breakfast at 7.30,
   (*c*) read an Italian newspaper,
   (*d*) called a taxi (**un tassì**),
   (*e*) went to the museum,
   (*f*) left the museum,
   (*g*) went to the bank,
   (*h*) returned to the hotel.

2 There has been a burglary in the apartment next to where Sergio and Francesca live. The police ask questions of all the residents. Change the verbs in the box on the next page into the past tense and use them to complete the following. You will need to use some verbs more than once.

Poliziotto	**La mattina a che ora vi siete svegliati?**
Sergio	**Ci siamo _____ abbastanza presto: io mi _____ _____ alle sei e**

	_____ _____ in cucina a fare il caffè, e ne _____ _____ una tazza a Francesca. Poi mi _____ _____, mi sono fatto la barba e mi _____ _____.
Poliziotto	**E Lei, signora, a che ora si è alzata?**
Francesca	**Io mi _____ _____ alle sette meno un quarto; mi _____ _____ , mi _____ _____ e poi _____ _____ Valentina. Dopo colazione siamo usciti.**
Poliziotto	**Hanno sentito dei rumori insoliti?**
Francesca	**No, assolutamente niente.**
Sergio	**Devo dire di no, tutto normalissimo.**

svegliarsi	fare	andare	vestirsi
alzarsi	portare	lavarsi	svegliare

3 You are camping at Viareggio. There is a couple next to your tent. The lady having realised that you are not Italian, comes to welcome you. Take part in the conversation that follows.

Signora	**Buongiorno? Loro non sono italiani.**
You	(*Tell her no, you are English.*)
Signora	**Quando sono arrivati?**
You	(*Say we arrived this morning.*)
Signora	**Ma Lei parla italiano perfettamente! Viene qui ogni anno?**
You	(*Say no, this is the first time* [**volta**].)
Signora	**Noi veniamo qui ogni anno perché questa è una zona molto tranquilla.**
You	(*Ask her where is she from.*)
Signora	**Io sono di Milano ma mio marito à toscano, per questa ragione veniamo qui in Toscana.**
You	(*Tell her you have been in Florence for a week.*)
Signora	**Firenze! È certamente molto bella ma in questa stagione fa troppo caldo in città!**
You	(*Say yes, it is too hot there so you have decided* [**deciso di**] *to come here.*)
Signora	**Sa che Lei è veramente molto simpatica**

(*really very nice*)? **Perché questa sera non vengono a cenare** (*to dine*) **con noi? Io mi chiamo Liliana...**

4 Fill the gaps with the right adverb forming it from the words in the box.

(*a*) **Mi piace la birra** _____ **quella inglese.**

(*b*) **Bisogna mangiare** _____ .

(*c*) _____ **bisogna prenotare.**

(*d*) **Vorrei partire** _____ **domani.**

(*e*) **Questo treno va** _____ **a Roma.**

(*f*) **Questo ombrello è** _____ **caro.**

(*g*) **Per farsi capire bisogna parlare** _____ .

normale
possibile
chiaro
terribile
diretto
speciale
lento

L'Italia e gli Italiani   L'abitazione

La maggior parte degli italiani che abitano in città vive in appartamenti in palazzi a molti piani. Gli edifici moderni hanno naturalmente un ascensore ma molti edifici vecchi non lo hanno, quindi ogni giorno, spesso più volte al giorno, i residenti devono salire e scendere molte scale. Forse però, questo è un bene perchè per molte persone che vivono in città questo è il solo esercizio fisico che fanno! Circa il venti per cento degli italiani possiede una seconda casa al mare, in montagna o in campagna e quando possono vanno a passare il fine settimana là. Recentemente però il governo ha aumentato la tassa sulla seconda casa e naturalmente molti proprietari sono scontenti.

vivere	*to live*
palazzo	*building*
quindi	*therefore*
più volte	*several times*
scale	*stairs*
un bene	*a good thing*
possedere	*to own*
però	*though*
aumentare	*to increase*
tassa	*tax*
scontenti	*unhappy*

Un Piccolo Test

Read the passage on page 104 and answer these questions.

1 Dove vive la maggior parte degli italiani?
2 C'è l'ascensore in tutti i palazzi?
3 Quali sono gli edifici che non hanno l'ascensore?
4 Molte persone che vivono in città fanno molto esercizio fisico?
5 Che cosa ha fatto recentemente il governo?
6 I proprietari delle seconde case sono contenti?

11

LA SPESA

Shopping

In this unit you will

- practise shopping for food and clothes
- learn about Italian clothes' sizes and measurements
- practise asking for a discount

Revisione

- numbers – Units 3, 4, 5
- how to ask for something, how to state quantities, how to ask the price – Unit 5
- how to describe something – Unit 4

In **rosticceria** si compra **cibo pronto da portare via** *ready-cooked food to take away*

Read this passage: try to memorise any new word you meet. Some of the new terms are very similar to their English translations.

Da capire Il cibo in Italia

Agli italiani piace mangiare bene. Molti vanno ogni giorno a fare la spesa al mercato perché sanno che c'è una grande differenza tra i cibi freschi e quelli... meno freschi. Molte persone hanno una vera mania per i cibi genuini e durante il fine settimana vanno in campagna a comprare carne di animali non trattati con antibiotici, verdure coltivate senza pesticidi e vino fatto senza additivi. Contrariamente a molti inglesi, usano il cibo come argomento di conversazione. Tra le priorità di molti italiani (non tutti!) c'è anche l'abbigliamento e l'arredamento delle loro case.

vero,-a	true, real
trattare	to treat
l'argomento	topic, issue
l'abbigliamento	clothes
l'arredamento	furnishings

☑ Ha capito?

1 Che cosa vanno a comprare in campagna molti italiani?
2 Parlano spesso di cibo?
3 Oltre all'arredamento ed al cibo che cosa è importante per molti?

———— **Cibo/cibi/vivande:** *food* ————

una porzione di vitello arrosto	a portion of roast veal
pollo arrosto	roast chicken
verdure ripiene	stuffed vegetables
una fetta di torta di verdura	a slice of vegetable pie
salame nostrano	locally produced salami
una scatoletta di pomodori pelati	a tin of peeled tomatoes
una lattina di caffè macinato	a can of ground coffee
birra	beer
coca cola	coca cola
uan bottiglia di olio di oliva	a bottle of oilive oil
mezza dozzina di uova	half a dozen eggs
un pezzo di formaggio	a piece of cheese
che tipi ha?	what kinds do you have?
un cespo di lattuga	a head of lettuce
un pacchetto di piselli surgelati	a packet of frozen peas
un grappolo d'uva	a bunch of grapes
carne macinata	minced meat
salsiccia	sausage
manzo	beef
maiale	pork
agnello	lamb
pesce	fish
una pagnotta integrale	a wholemeal loaf
questo pesce è fresco?	is this fish fresh?
grasso	fat
stagionato	fully matured
assaggiare	to taste
pecorino	sheep's milk cheese
piccante	strong
uova di giornata	new-laid eggs
lo può incartare?	can you wrap it?
può mettere tutto in un sacchetto?	can you put everything in a (carrier) bag?
grazie lo stesso	thanks all the same
tra	between, among
voglio dire	I mean
un po' caro, no?	a bit dear/expensive, isn't it?

❊ One way of helping you remember these new words is to think about them when doing your own shopping. Try to imagine that you have to order everything you need in Italian.

Cereali integrali

Study the advertisement below and answer the questions.

> ### Meglio integrale, ma...
>
> Nella parte esterna dei cereali integrali (quella che normalmente si elimina con la raffinazione) si trovano la fibra, le vitamine, i sali minerali e persino un antibiotico naturale.
>
> Purtroppo è proprio su questa parte esterna che si concentrano inevitabilmente i pesticidi e le sostanze chimiche usate normalmente in agricoltura.

1 In what part of the grain is most of the goodness found?
2 What else may be found there?
3 What is the advertisement proposing?

Dialogo

Oggi Manuela non ha il tempo per cucinare (*the time to cook*) e va in rosticceria. Quali sono gli ingredienti delle verdure ripiene?

Manuela	**Due porzioni di vitello arrosto e una fetta di torta di carciofi.**
Rosticcere	**La fetta va bene così, o la vuole più grande?**
Manuela	**Così va bene. Questo che cos' è?**
Rosticcere	**Questi sono zucchini ripieni.**
Manuela	**Voglio dire... che ripieno è?**
Rosticcere	**Uova, carne, formaggio, funghi, origano...**
Manuela	**Me ne dia una porzione.**
Rosticcere	**Desidera altro?**
Manuela	**Per oggi è tutto, grazie. Quant'è?**
Rosticcere	**Ottomilanovecento in tutto.**

carciofi	artichokes
zucchini	courgettes

—————— **Spiegazioni** ——————

Me ne dia una porzione. Before **ne, lo, la, li** and **le** the
following pronouns:

mi	ti	ci	si	vi become
me	te	ce	se	ve.

🕊 *Pratica 1*

It's your turn now. Make up this dialogue with the **rosticcere**:

You	*What filling is it?*
Rosticcere	**Tonno e maionese.**
You	*You will take two portions of it. Then you would like one portion of roast chicken and one of fish salad. Is the fish salad fresh?*
Rosticcere	**Freschissima.**
You	*Ask if he can wrap it well and how much it is.*
Rosticcere	**Seimilaottocento.**
You	*Here is ten thousand lira.*
Rosticcere	**Ecco tremiladuecento di resto.**

Dialogo

Francesca è in campagna con la sua famiglia e va a fare la spesa
nel villaggio. Che tipo di caffè compra? Che tipo di uova vuole?

Francesca	**Vorrei del salame nostrano non troppo grasso.**
Negoziante	**Ho questo stagionato, buonissimo. Lo vuole assaggiare?**
Francesca	**Sì, grazie. Mmm... è buono, me ne dia tre etti. Mi dia anche un pezzo di pecorino non troppo piccante.**
Negoziante	**Va bene così, o ne vuole di meno?**
Francesca	**Così va bene. Vorrei anche una scatoletta di tonno e una lattina di caffè macinato. Che tipi ha?**
Negoziante	**Ne abbiamo molti tipi ma il *Lavazza Oro* è il migliore.**
Francesca	**Va bene. Mi dia anche una dozzina di uova di giornata. Può mettere tutto in un sacchetto?**

▼ *Pratica 2*

Say that you would like:

(a) 300 grams of ham, not too fat
(b) 6 tins of beer
(c) a piece of cheese, not too strong
(d) half a dozen new-laid eggs
(e) a tin of ground coffee
(f) a packet of frozen peas
(g) a tin of peeled tomatoes
(h) 200 grams of butter

◑ *Dialogo*

Adesso Francesca va dal fruttivendolo. Perché i pomodori costano cari?

Francesca	**Quanto costano i pomodori oggi?**
Fruttivendolo	**Tremiladuecento al chilo.**
Francesca	**Un po' cari, no?**
Fruttivendolo	**Questi sono pomodori nostrani freschissimi, signora.**
Francesca	**Me ne dia mezzo chilo. Poi vorrei tre grappoli d'uva bianca ed un cespo di lattuga.**
Fruttivendolo	**Nient'altro, signora?**
Francesca	**Un chilo di pesche. Mi dia anche un po' di verdura per fare il minestrone.**
Fruttivendolo	**Le patate e le cipolle le ha?**
Francesca	**Sì. Ho anche i fagioli.**
Fruttivendolo	**Allora... un po' di fagiolini, due zucchini, carote, un porro, e una fetta di zucca.**
Francesca	**Va bene. È tutto per oggi. Quant'è?**
Fruttivendolo	**Dunque... i pomodori, l'uva, la lattuga, le pesche ...settemilaottocento in tutto.**

pesche	peaches	**fagiolini**	green beans
patate	potatoes	**porro**	leek
cipolle	onions	**zucca**	pumpkin
fagioli	beans		

———————— **Spiegazioni** ————————

Un po' cari, no?: **po'** is the shortened form of **poco** *little*; **no?** or **non è vero?** at the end of a sentence corresponds to the English *isn't it? aren't you?, don't they?* etc.

✳ The plural form of **l'uovo** is **le uova.**

✔ *Pratica 3*

(a) You have no vegetables at home and you want to make a good minestrone. What do you buy?

(b) Ask for one bunch of black grapes.

(c) Ask the greengrocer if the green beans are local.

(d) Say that you would like half a pumpkin.

(e) Say that it is all for today.

(f) You are in the **panetteria**, ask for half a kilo of wholemeal rolls.

(g) Tell the **pescivendolo** that this fish is not fresh, you don't want it.

✔ *Pratica 4*

Read the following passage and answer the questions.

In rosticceria e in panetteria

Nelle rosticcerie si può comprare cibo pronto da portare via: porzioni di pollo e vitello arrosto, torte di verdura, insalate di pesce e tante altre specialità nazionali e locali. Le panetterie vendono molti tipi di pane, grissini e focacce: focacce con cipolla, salvia, olive o fatte con la farina di granturco, fette di pizza, biscotti eccetera. Il formaggio parmigiano fresco è eccellente da mangiare a piccoli pezzi con l'aperitivo oppure alla fine del pasto. La vera mozzarella napoletana è fatta con latte di buffala ma al giorno d'oggi spesso è fatta con latte di mucca.

grissino	bread-stick
salvia	sage
focaccia	flat loaf
farina	flour
granturco	maize
pasto	meal
al giorno d'oggi	nowadays
mucca	cow

Vero o falso?

	Vero	Falso
(*a*) Nelle rosticcerie si possono comprare gli ingredienti per fare la pizza.	☐	☐
(*b*) La vera mozzarella è fatta con latte di mucca.	☐	☐
(*c*) Il parmigiano è buono con l'aperitivo.	☐	☐

 ——— **Abbigliamento:** *clothes* ———

che taglia ha?	what size do you take?
che numero ha?	what size (*shoes*) do you take?
mi fa uno sconto?	can you give me a discount?
in vetrina	in the shop window
camerino	fitting room
camicia/camicetta	shirt/blouse
gonna	skirt
maglia	jumper
maglietta	T-shirt
cintura	belt
abito/vestito	dress or suit
collant	tights
un paio di scarpe	a pair of shoes
pantaloni	trousers
jeans	jeans
sciarpa di seta	silk scarf
lana	wool
borsa di pelle	leather bag
modello	style
svendita	sale
stretto (-a)	tight, narrow

 Dialogo

 Francesca e Chiara vanno in un **grande magazzino** (department store). Che cosa comprano?

Chiara	**Ha questo vestito nella taglia 42, in giallo?**
Commessa	**La 42 in giallo no. Li abbiamo in verde, blu e nero. In giallo abbiamo altri modelli.**
Chiara	**Allora no. Queste magliette quanto costano?**
Commessa	**Soltanto 15.000 lire: sono in svendita.**

Chiara	**Allora ne prendo due: una nera e una rosa.**
	(meanwhile)
Francesca	**Queste scarpe quanto costano?**
Commessa	**Novantacinquemila lire.**
Francesca	**Le posso provare?**
Commessa	**Certo. Che numero ha?**
Francesca	**Il 38. Le vorrei blu.**
Commessa	**In blu abbiamo il 37½ o il 39.**
Francesca	*(trying them on)* **Ummm...queste sono un po'** **strette e queste sono troppo lunghe. Grazie lo** **stesso.**

Pratica 5

You are in a department store buying the items circled in the conversion table below. Do you get a discount? Complete the dialogue that follows.

Taglie: *clothing sizes*									
Women's	Britannica		10	12	14	16	18	20	
Coats,	Americana		8	10	12	14	16	18	
Suits,	Italiana		42	44	46	48	50	52	
Dresses	Francese		40	42	44	⑷⑹	48	50	
and Blouses									
Women's	Britannica	3	4	5	6	7	8	9	
Shoes	Americana	4½	5½	6½	7½	8½	9½	10½	
	Continentale	35	36	�37	38	39	40	41	
Men's Coats	Britannica		34	36	38	40	42	44	
Jackets and	Americana		34	36	38	40	42	44	
Suits	Continentale		44	46	48	50	52	54	
Men's	Britannica		6	7	8	9	10	11	
Shoes	Americana		7	8	9	10	11	12	
	Continentale		39½	40½	41½	42½	43½	44½	
Men's	Britannica	14	14½	15	15½	16	16½	17	17½
Shirts	Americana	14	14½	15	15½	16	16½	17	17½
	Continentale	36	37	38	39	40	41	42	43

You	**Buongiorno. Vorrei un _____ _____**
	_____ da tennis come quelle in _____ .
Commesso	**Che numero ha?**

You	_____ . **Quanto** _____ ?
Commesso	**47.000.**
You	**Mi fa uno** _____ ?
Commesso	**Mi dispiace ma abbiamo i prezzi fissi.** *(in the clothes section)*
You	**Vorrei una** _____ **bianca.**
Commesso	**Che taglia ha?**
You	_____ . **La posso** _____ ?
Commesso	**Certamente. S'accomodi nel camerino.** *(you have tried it on and it fits.)*
Commesso	**Va bene?**
You	**Sì, va bene. La** _____ .

Un piccolo test:

With the help of the words in the box fill in the spaces.

(a) **una** _____ **di tonno**

(b) **una** _____ **di caffè macinato**

(c) **un etto di formaggio non troppo**
  _____

(d) **una** _____ **di pomodori pelati**

(e) **una** _____ **di olio di oliva**

(f) **una** _____ **di uova**

(g) **È** _____ **questo pesce?**

(h) **un** _____ **di piselli surgelati**

(i) **Può mettere tutto in un** _____ ?

| lattina |
| scatoletta |
| pacchetto |
| |
| dozzina |
| scatoletta |
| piccante |
| bottiglia |
| fresco |
| sacchetto |

12

TOCCA A ME!

It is my turn!

In this unit you will

- learn about public telephone calls in Italy
- practise 'at the post office'
- practise how to respond to queue jumping
- learn how to change money at the bank

Revisione

- numbers – Units 3, 4, 5
- how to ask for something – Unit 5
- how to enquire about opening times – Unit 6
- how to say what you want to do – Unit 8

Read aloud the passage and answer the questions below.

Da capire Cambiare la valuta in Italia

Per cambiare la valuta estera bisogna andare in banca o all'ufficio cambi. Normalmente all'ufficio cambi il tasso è migliore. Le banche sono aperte dal lunedì al venerdì, dalle 8.30 alle 13.20. Generalmente aprono anche un'ora il pomeriggio tra le 15.00 e le 16.00. Il sabato, la domenica e durante i giorni festivi sono chiuse. È possibile cambiare valuta estera anche nelle stazioni delle grandi città e negli aeroporti. I turisti possono cambiare assegni negli alberghi (*hotels*). In Italia ci sono banconote da 1.000, 2.000, 5.000, 10.000, 50.000 e 100.000 lire. Le monete sono da 50, 100, 200 e 500 lire.

Ha capito?

1 Dov' è preferibile cambiare la valuta estera?
2 Generalmente quando sono aperte le banche il pomeriggio?
3 Il sabato sono aperte?
4 Dov' è anche possibile cambiare valuta estera?
5 È possibile cambiare assegni negli alberghi?

—— Comunicazione e denaro: —— *communications and money*

telefono	telephone
devo telefonare	I must telephone
fare una telefonata	I must make a telephone call
guardare sull'elenco/guida telefonico/-a	look in the telephone directory
urbana	local (call)
interurbana	trunk/long distance (call)
teleselezione	STD
qual è il prefisso?	what's the code?
deve chiamare il centralino	you must call the operator
una cabina telefonica	a telephone booth
i gettoni	telephone tokens
si è interrotta la linea	the line was cut off
è occupato	it is engaged
richiamo	I'll call again
la linea è libera ma non risponde nessuno	the line is free but there is no answer
insegna	sign, symbol
indicare	to show

funzionare	to work, function
chiedere/richiedere	to ask for, require
telefonata a carico del destinatario	reverse charge call
posta	post office/mail
un francobollo per...	a stamp for...
spedire/inviare/mandare	to send
una cartolina	a card
una lettera *espresso*	an express letter
una busta	an envelope
il codice di avviamento postale	post code
l'indirizzo	address
il mittente	the sender's address
sportello	window/counter
ho fatto mezz'ora di coda	I have been queueing for half an hour
posso passare avanti?	can I pass in front of you?
anch'io	I too
ho molta fretta	I am in a great hurry
ufficio cambi	exchange bureau
banca	bank
firmi qui	sign here
il denaro/i soldi	money
valuta estera	foreign currency
contante	cash
cambiare sterline in lire	to exchange pounds into lira
dollari	dollars
un assegno turistico	travellers' cheques
quant' è il cambio?	what is the rate of exchange?
s'accomodi alla cassa	please go to the cash window
biglietto/banconota	banknote
grosso taglio	large denomination
spiccioli/moneta	small change/small coins
il tasso	rate

Scusi, dov'è la cassetta delle lettere?
Vicino alla tabaccheria.

🔊 *Dialogo*

Marcella desidera fare una telefonata a Londra e va all'ufficio turistico. Può telefonare direttamente?

Marcella	**Vorrei telefonare in Inghilterra.**
Impiegata	**Si accomodi alla cabina cinque.**
Marcella	**C'è la teleselezione?**
Impiegata	**Sì, il prefisso è 0044.**
	(*after a while Marcella emerges from the booth*)
Marcella	**Prima si è interrotta la linea. Adesso è occupato. Richiamo più tardi.**
	(*later*)
	Adesso la linea è libera ma non risponde nessuno.

✔️ *Pratica 1*

You go to the tourist office to make a telephone call.

You	*Say that you want to make a telephone call.*
Impiegata	**Si accomodi alla cabina 1.**
You	*Say that you haven't the number.*
Impiegata	**Che città desidera chiamare?**
You	*Rome.*
Impiegata	**Ha l'indirizzo?**
You	*After giving the address you ask what the code is.*
Impiegata	**Il prefisso è 06 e il numero che mi ha richiesto è 123456.**
You	*Say that the line is engaged. You will call later.*

✔️ *Pratica 2*

Complete the following:

Lei è a Genova e desidera fare una _____ ad un amico che abita a Roma ma non sa il _____ di telefono. Deve guardare sull' _____ _____. È una telefonata _____ : prima deve fare il _____ e poi il _____ . Non risponde nessuno: è _____ !

Dialogo

Mr Simpson deve spedire una lȩttera e un pacco ma ha una difficoltà.

Mr Simpson	**Vorrei spedire questa lȩttera e questo pacco.**
Impiegata	**Per il pacco deve andare all'altro sportello.**
Mr Simpson	**Ma io ho fatto mezz'ora di coda!**
Impiegata	**A questo sportello non si accȩttano pacchi.** *(Mr Simpson joins another queue)*
Signora	**Scusi, posso passare avanti? Sa, ho molta fretta...**
Mr Simpson	**Mi dispiace ma anch'io ho molta fretta!**

Pratica 3

You are at the post office.

(a) Say that you are sorry but it is your turn.
(b) Say that you wish to send an express letter to Scotland.
(c) Ask the clerk if he has an envelope.
(d) Ask if the stamp for a card costs as much as (*quanto*) a stamp for a letter.
(e) Ask how much is the stamp for a card to the United States.

Dialogo

Mrs Perkins va in banca a cambiare delle sterline in lire: quant'è il cambio oggi?

Mrs Perkins	**Vorrei cambiare cento sterline in lire.**
Impiegato	**Mi può dare il passaporto?**
Mrs Perkins	**Eccolo. Quant'è il cambio oggi?**
Impiegato	**Duemilacento. Qual è il suo indirizzo in Italia?**
Mrs Perkins	**Albergo San Giorgio. Santa Margherita.**
Impiegato	**Firmi qui, per favore. Grazie. S'accȩmodi alla cassa.** *(at the cash desk)*
Cassiere	**Come vuole la valuta?**

Mrs Perkins **Mi dia biglietti di grosso taglio e diecimila lire in spiccioli.**

🗸 *Pratica 4*

You go to the bank to change some dollars and some travellers' cheques.

You	*Say that you would like to change U.S. $200 into lire*
Impiegato	**Ha il passaporto?**
You	*Say yes, here it is.*
Impiegato	**Qual è il suo indirizzo in Italia?**
You	*Hotel Pitosforo. Say that you would also like to change a travellers' cheque.*
Impiegato	**L'assegno è in lire?**
You	*Say yes and ask what the rate of exchange is today.*
Impiegato	**Milleduecento. S'accomodi alla cassa.**
	(at the cash desk)
Cassiera	**Firmi qui, per favore. Ecco 353 mila lire.**
You	*You would like large denomination notes and 3.000 lira in coins. Thank her and say goodbye.*

🗸 *Pratica 5*

You are walking along the street and, as you see each of the signs below, you remember that you need (or must do) something. Choose two of the sentences, as appropriate, for each sign.

(a) _____ and _____ (b) _____ and _____ (c) _____ and _____

(i) Ho bisogno di valuta estera.

(ii) Ho bisogno di un francobollo.

(iii) Ho bisogno di chiamare Maria.

(iv) Devo cambiare delle sterline.

(v) Devo telefonare a Paolo.

(vi) Devo comprare le sigarette.

✅ *Pratica 6*

Read the following passage. Try to learn any new vocabulary you meet. Then answer the questions.

Telefonate da un posto pubblico

Generalmente per telefonare da un posto pubblico bisogna andare in un bar o all'ufficio turistico oppure in una cabina telefonica. Un'insegna gialla con il simbolo del telefono, indica che c'è un telefono pubblico. Alcune cabine hanno telefoni che prendono soltanto gettoni, altre prendono monete da 200 lire, altre funzionano con la carta telefonica. I gettoni si comprano nelle edicole, nei bar, all'ufficio postale e in tabaccheria. Se non si hanno monete, gettoni o carta telefonica si può chiamare il centralino e chiedere una telefonata a carico del destinatario.

L'ufficio turistico, in alcune piccole città si chiama **Azienda di Soggiorno** or **Pro Loco**.

Domande

(a) Di che colore è l'insegna dei telefoni pubblici?
(b) Tutti i telefoni pubblici prendono gettoni?
(c) Se Lei non ha gettoni, carta telefonica o moneta che cosa fa?
(d) Come si può anche chiamare l'ufficio turistico?

✔ Pratica 7

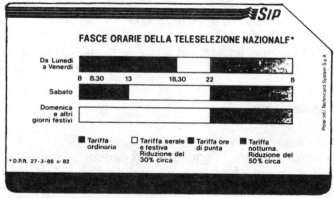

(a) Can you work out what the date on the phone card indicates?

(b) What is the reduction after 10pm?

(c) Is there a difference between the morning rates on Saturday and Sunday?

✔ Un piccolo test

Ask for the following items or information:

(a) 12 stamps for Great Britain.
(b) what the post code for Rome is.
(c) if the sender's address is necessary.
(d) if they have a directory.
(e) what the rate of exchange is today.

13

IN GIRO PER LA CITTÀ
Going about town

In this unit you will learn

- how to ask, understand and give simple street directions
- how to understand information about public transport

Revisione

- how to ask where something is – Unit 3
- how to ask for information and tickets – Unit 7
- how to say what you want to do – Unit 8
- how to talk about the things you do – Unit 9

Da capire I trasporti pubblici

In tutte le città e nei luoghi di villeggiatura si possono trovare tassì vicino alla stazione e nelle parti principali della città. Naturalmente i tassì si possono anche chiamare per telefono. Le tariffe variano da posto a posto e generalmente durante la notte sono più care. Viaggiare in autobus è molto a buon mercato. Nelle città la maggior parte degli autobus non ha il bigliettaio ma una macchina che timbra il biglietto con la data e l'ora: quindi è necessario comprare i biglietti prima di salire sull'autobus! I biglietti si comprano in tabaccheria, in edicola e nei bar. Su alcuni autobus c'è un distributore automatico di biglietti e allora bisogna avere moneta!

luogo di villeggiatura	holiday resort
bigliettaio	bus conductor
timbrare	to stamp
distributore automatico	vending machine

✅ Ha capito?

1 Il prezzo dei biglietti per l'autobus è alto?
2 Dove si comprano i biglietti per l'autobus?
3 Per comprare i biglietti sull'autobus che cosa è necessario avere?

Come andare a...:
how to get to...

fermata	bus stop
trovare	to find
va avanti dritto	you go straight ahead
principale	main
gira a destra	you turn right
a sinistra	left
prende la prima a destra	take the first on the right
la seconda a sinistra	the second on the left
alla fine della strada	at the end of our road
all'altro lato della piazza	at the other end of the square
di fronte al duomo	opposite the cathedral
dietro la stazione	behind the station
sotto la torre dell'orologio	under the clock tower
dopo il semaforo	after the traffic lights
attraversa il ponte	you cross the bridge
i giardini	gardens
chiedere/domandare	to ask
andare a piedi	to go on foot
mi sono perso(-a)	I am lost
deve tornare indietro	you must go back
porto	harbour/port
lo scalo	quay/wharf
lungomare	sea-front/promenade
battello	boat
vaporetto	water-bus
che cosa significa...?	what does ... mean?

Un biglietto

How many times would you expect the *coach* (**pullman**) to stop on the journey?

AIR PULLMAN S.p.A. MALPENSA

Serie 76 N° 7639

SERVIZIO PUBBLICO DI LINEA
SENZA FERMATE INTERMEDIE

MILANO

AEROPORTO MALPENSA

Esente da I.V.A. a norme del-
l'Art. 10, comma 9 del D.P.R.
26-10-1972 n° 633.

Lit. 1350

🔊 Dialogo

Un turista chiede informazioni ad un passante (*passer-by*).

Turista	**Scusi, sa dov'è la fermata dell'autobus?**
Passante	**Dove deve andare?**
Turista	**In piazza Acquaverde.**
Passante	**La fermata è alla fine di questa strada a sinistra, vicino al supermercato.**
Turista	**Vicino al supermercato, a destra.**
Passante	**No, a sinistra.**
Turista	**È lontano?**
Passante	**Cinque minuti da qui.**
Turista	**Sa che autobus devo prendere?**
Passante	**Il numero 27.**
Turista	**Molte grazie.**

✅ Pratica 1

Complete this dialogue between you and a passer-by.

You	**Scusi, dov'è la _____ dell'autobus?**
Passante	**È all'_____ _____ della piazza.**
You	**L'autobus per la stazione ferma a destra o a _____ ?**
Passante	**A destra.**
You	**La stazione è _____ ?**

✔ *Pratica 2*

Imagine you are trying to find your way in an Italian city. You stop a passer-by and ask where the fish market (**il mercato del pesce**) is.

You	*Ask where the fish market is.*
Passante	**Il mercato del pesce? È in piazza Matteotti.**
You	*Ask where piazza Matteotti is.*
Passante	**È la prima strada a sinistra.**
You	*Ask if it is far.*
Passante	**No, due minuti.**
You	*Ask if there is a book shop in piazza Matteotti.*
Passante	**No, ce n'è una in via Dante. Sa dov'è?**
You	*Say no, can you go on foot?*
Passante	**No, è troppo lontano. Deve prendere l'autobus.**
You	*Ask where the bus stop is.*
Passante	**È alla fine della strada. Vicino al semaforo.**
You	*Thank him very much and say goodbye.*

✔ *Pratica 3*

You are asked where the fish market is. You have just been there, give directions, using the map below.

Va _____ _____ **, poi prende la** _____ _____

_____ **. Il mercato è all'**_____ _____ _____

piazza, vicino ai _____ **.**

▄▄ Dialogo

Un gruppo di turisti desidera andare da Santa Margherita a Portofino in battello.

Turista   **Scusi, da dove partono i battelli per Portofino?**
Passante **Deve andare sul lungomare.**
Turista   **È lontano da qui?**
Passante **No, va avanti dritto e quando arriva alla piazza con i giardini vede lo scalo per i battelli: è prima del porto.**
Turista   **Molte grazie.**
Passante **Prego.**

☑ Pratica 4

In the timetable below are illustrated four boat excursions (**gite**). Study it and answer the questions on page 129. (**giro** means tour).

Portovenere e Giro Isole Palmaria-Tino (tutto il giorno)
Sosta di 3 ore a Portovenere
Ogni Domenica (dal 16/6 al 9/9)

PARTENZE:		RITORNI:
da Camogli	h. 9,10	h. 18,15 circa
da Recco	h. 8,50	h. 18,20 circa
da Sori	h. 8,50	h. 18,30 circa
da Nervi	h. 8,30	h. 19,00 circa

PREZZI:
da Nervi-Sori   L. 18.000 A e ridotti - L. 27.000 A/R
da Recco-Camogli   L. 15.000 A e ridotti - L. 23.000 A/R

5 Terre (tutto il giorno) — Sosta di 4 ore a Vernazza
Ogni Mercoledì e Venerdì (dall'1/7 al 9/9)

PARTENZE:		RITORNI:
da Camogli	h. 9,30	h. 18,15 circa
da Recco	h. 9,20	h. 18,20 circa
da Sori	h. 9,15	h. 18,30 circa
da Nervi	h. 9,00	h. 19,00 circa

PREZZI:
da Nervi-Sori   L. 17.000 A e ridotti - L. 25.000 A/R
da Recco-Camogli   L. 14.000 A e ridotti - L. 21.000 A/R

Giro dei Due Golfi (Paradiso e Tigullio)
Sosta di 1 ora a Portofino e 45 minuti a S. Fruttuoso
Ogni Martedì - Giovedì - Sabato (dall'1/7 al 9/9)

PARTENZE:		RITORNI:
da Camogli	h. 15,15	h. 18,30 circa
da Recco	h. 14,50	h. 18,45 circa
da Sori	h. 15,00	h. 18,45 circa
da Nervi	h. 14,45	h. 19,00 circa

PREZZI:
da Nervi-Sori   L. 10.000 A e ridotti - L. 16.000 A/R
da Recco-Camogli   L. 8.000 A e ridotti - L. 15.000 A/R

Gita notturna a Portofino — Sosta di 1 ora a Portofino
Ogni Sabato (dal 16/6 al 9/9)

PARTENZE:		RITORNI:
da Camogli	h. 21,30	h. 23,45 circa
da Recco	h. 21,20	h. 23,45 circa
da Nervi	h. 21,00	h. 24,00 circa

PREZZI:
da Nervi   L. 16.000 A/R
da Recco-Camogli   L. 15.000 A/R

(a) How many excursions take all day?
(b) Could you go to Cinque Terre on a Sunday?
(c) Do they run the tours in winter?
(d) Do the boats guarantee to return at the exact printed time?

Dialogo

Un turista arriva alla stazione di Venezia. Desidera andare all'isola (*island*) di Murano. Chiede la strada (*the way*) a un passante. Il passante indica un itinerario interessante.

Turista   **Scusi, per andare a Murano...**
Passante   **Deve prendere il vaporetto: la linea 1 va in Piazza San Marco, poi continua per Murano. Ma c'è un itinerario più interessante: prende la linea 5, che va lungo il Canale della Giudecca, e quando arriva in piazza San Marco prende la linea 1.**
Turista   **Lei è molto gentile. Grazie.**
Passante   **Prego.**

linea	route/line
lungo il canale	along the canal

Pratica 5

After a few days in Venice you have become an expert in finding your way around. An Italian tourist stops you and asks you the way to Piazza San Marco.

Turista   **Scusi, sa dov'è piazza San Marco?**
You   *You must cross the bridge*
Turista   **Attraverso il ponte e poi?**
You   *Then you take the first on the left and go straight on. At the end of the road you see piazza San Marco.*

✔ *Pratica 6*

Read aloud the passage below. Then answer the questions.

Venezia

A Venezia gli autobus sono vaporetti e i tassì sono motoscafi. Anche i veicoli della polizia e le ambulanze sono motoscafi. La 'via' principale è il Canal Grande che è lungo circa quattro chilometri e divide la città in due parti. I canali più piccoli si chiamano **rio**: rio Nuovo, rio San Paolo eccetera. Che cosa significa rio? Rio significa *stream/brook*. Le strade non si chiamano 'via' ma **calle**: per esempio, calle Paradiso e calle Furlani. Calle significa strada stretta o sentiero. Le piazze si chiamano **campo**: campo Santo Stefano, campo Morosini eccetera. Rio e calle sono parole antiche usate soltanto a Venezia. Tra le feste tradizionali veneziane c'è il **Carnevale** (a febbraio); il 15 e il 16 di luglio c'è **Il Redentore**: una processione di gondole e altre imbarcazioni che commemora la fine dell'epidemia nel 1575. Durante la prima domenica di settembre c'è la **Regata Storica**.

polizia	police
motoscafo	motorboat
sentiero	path
campo	field
Il Redentore	the Redeemer
imbarcazione	boat, craft
storico	historical

Domande
(a) Come si chiamano gli 'autobus' veneziani?
(b) Che tipo di veicoli usa la polizia?
(c) In che mese è la festa del Redentore?
(d) Che cosa celebra la festa del Redentore?

✔ Un piccolo test

Do you remember how to say:

(a) I am lost
(b) opposite the cathedral
(c) you must go back
(d) before the harbour
(e) after the traffic lights
(f) behind the station
(g) opposite the baker's
(h) under the clock tower
(i) near the gardens
(j) can I go on foot?

14

UN ALLOGGIO
Accommodation

In this unit you will

- practise finding accommodation, checking in and paying the bill
- learn how to deal with some problems at hotels and campsites
- practise spelling out your name

Revisione

- how to ask for something – Unit 5
- how to talk about things that have happened – Unit 10
- how to ask the price of something – Unit 5
- expressions of time – Unit 6

Remember that it is very important to learn the new vocabulary as you come across it. Try not to keep referring back to the **Da dire e da capire** boxes, it is better to commit words to memory.

With the **Dialoghi** exercises make sure you always read them aloud so that you can practise the pronunciation.

Il direttore vuole sapere perché ci sono due prenotazioni per una camera.

Da capire   Un posto per dormire

In Italia ci sono cinque categorie di alberghi: di lusso (con cinque stelle ★★★★★), di prima (★★★★), di seconda (★★★), di terza (★★) e di quarta (★) categoria. Ci sono anche tre categorie di pensioni e una di locande. Una locanda è generalmente una trattoria con alcune camere da affittare. Le pensioni sono un poco più modeste degli alberghi. Negli alberghi meublé non c'è ristorante ma spesso servono la prima colazione. Gli ostelli per la gioventù e le case dello studente sono riservati a giovani e studenti ed hanno prezzi modici. In tutta l'Italia c'è anche una grande varietà di campeggi (chiamati anche *camping*).

I prezzi degli alberghi includono le tasse ma normalmente la prima colazione non è inclusa nel prezzo eccetto quando si è a pensione completa o a mezza pensione.

affittare	to let, to rent
la gioventù	youth
giovani	young people
modici	reasonable, moderate

✔ Ha capito?

1 Sono più cari gli alberghi o le pensioni?
2 Una persona anziana può andare in un ostello per la gioventù?
3 Con la mezza pensione si deve pagare separatamente la prima colazione?
4 Si può cenare (*to dine*) in un meublé?
5 Quante stelle ha un albergo di seconda categoria?

In albergo: *at the hotel*

cercare	look for
ha/avete	have you
una camera libera?	a free/vacant (bed)room?
singola	single
doppia	double
matrimoniale	double bedded
a due letti	with twin beds
con (senza) bagno	with (without) bath
con (senza) doccia	with (without) shower
pensione completa/mezza pensione	full board/half board
mi dà i documenti?	may I have your documents?
la carta d'identità	identity card
la patente	driving licence
il passaporto	passport
la chiave	key
il facchino	porter
la valigia	suitcase
carta di credito	credit card
assegni turistici	travellers' cheques
assegni (bancari)	(personal) cheques
c'è un errore/uno sbaglio nel conto	there is a mistake in the bill
mi scusi tanto	I do apologise, I'm very sorry
accettare	to accept
lasciare	to leave
la portineria	reception
subito	at once
in anticipo	beforehand
la sera prima	the evening before
desidero la sveglia alle ...	I would like to be woken/called at ...

Dialogo

Una turista chiede (*asks*) informazioni all'ufficio turistico sugli alberghi della città. Che tipo di albergo desidera?

Turista **Buongiorno. Mio marito ed io cerchiamo una camera per questa notte.**

Impiegata **Questa è la lista degli alberghi della città.**

Turista **Ci può consigliare un albergo tranquillo e non troppo caro?**

Impiegata **L'albergo San Giorgio e il Piccolo Hotel sono molto tranquilli. Se vuole telefono per vedere se ci sono camere libere.**

Turista **Sì, grazie.**

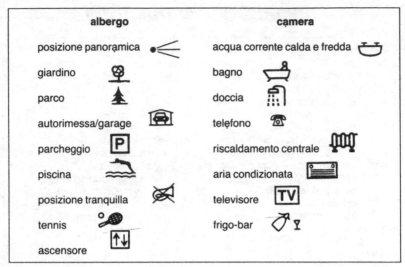

albergo		camera	
posizione panorąmica	●	acqua corrente calda e fredda	
giardino		bagno	
parco		doccia	
autorimessa/garage		telęfono	
parcheggio	P	riscaldamento centrale	
piscina		aria condizionata	
posizione tranquilla		televisore	TV
tennis		frigo-bar	
ascensore			

✅ Pratica 1

Ask if the hotel has the following facilities:

(a) **L'albergo è in una** _____ ?
(b) **C'è il** _____ ?
(c) **C'è l'** _____ **nell'albergo?**
(d) **C'è l'** _____ ?
(e) **C'è la** _____ ?
(f) **L'albergo è in una** _____ ?
(g) **Nelle camere c'è l'** _____ ?
(h) **C'è il** _____ ?
(i) **C'è anche il** _____ ?
(j) **E il** _____ **c'è?**

Pratica 2

You are at the tourist office looking for a suitable hotel.

You	*Say good morning, you are looking for a hotel in a quiet position.*
Impiegata	**L'albergo Giardini e il Pįccolo Parco sono molto tranquilli.**
You	*Ask which is the best.*
Impiegata	**Mah... dipende un po' dalle sue preferenze...**

il Piccolo Parco è più tranquillo ma il Giardini
è in una posizione panoramica.

You	*Say that Piccolo Parco is OK and ask if she can phone and see if there are any rooms available.*
Impiegata	**Che tipo di camera vuole?**
You	*You want a single room with shower.*

Dialogo

Sergio e Francesca desiderano una camera per tre notti.

Portiere	**Buonasera signori.**
Sergio	**Buonasera. Ha una camera libera?**
Portiere	**Singola o doppia?**
Sergio	**Doppia.**
Portiere	**Matrimoniale o a due letti?**
Sergio	**A due letti, con bagno.**
Portiere	**Mi dispiace, ma non abbiamo camere libere con bagno: soltanto con doccia.**
Francesca	**Con doccia va bene. Quanto costa la camera?**
Portiere	**Centomila lire per notte.**
Sergio	**Va bene, la prendiamo.**
Portiere	**Per quante notti?**
Sergio	**Per tre notti.**
Portiere	**Camera 225. Al secondo piano. Ecco la chiave. Mi dà i documenti, per favore?**
Sergio	**Ecco la carta d'identità.**
Francesca	**Va bene la patente?**
Portiere	**Certamente signora. Grazie.**

REPVBBLICA ITALIANA

COMVNE DI
CAMOGLI

CARTA D'IDENTITA

N°. 01708314

DI

FERRARI SERGIO

Pratica 3

Give the questions in Italian for the following answers:

(a) Per tre notti.
(b) La camera costa centomila lire per notte.
(c) Sì, la patente va benissimo.

🔊 Dialogo

Sergio e Francesca pagano il conto e trovano un errore.

Portiere	**Buongiorno signori.**
Sergio	**Il conto, per favore.**
Portiere	**Ecco il conto, signore.**
Sergio	**Che cos'è questo?**
Portiere	**La prima colazione, signore.**
Francesca	**Ma noi non abbiamo fatto colazione: c'è un errore!**
Portiere	**Ha ragione, signora; mi scusi tanto.**
Sergio	**Posso pagare con la carta di credito?**
Portiere	**Certamente signore, accettiamo carta di credito, valuta estera, assegni... tutto.**
Sergio	**A che ora dobbiamo lasciare la camera?**
Portiere	**A mezzogiorno. Se vuole può lasciare le valigie in portineria.**
Sergio	**Non è necessario. Il facchino le può portare in macchina?**
Portiere	**Certamente, lo chiamo subito.**

✔️ Pratica 4

Read the previous dialogue and then fill in the spaces.

(a) **Sergio chiede _____ _____ al portiere.**

(b) **Sergio e Francesca non _____ _____ colazione.**

(c) **C'è _____ _____ nel conto.**

✔️ Pratica 5

Imagine you are staying in a hotel. There is quite a lot wrong with your room. Use the expressions **vorrei un altro (un'altra)** or **non funziona** as appropriate in relation to the following:

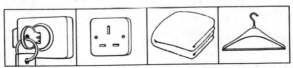

(a) **serratura** (b) **presa di corrente** (c) **coperta** (d) **gruccia**

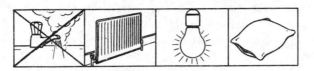

(e) **acqua calda** (f) **radiatore** (g) **luce** (h) **cuscino**
                    (m)   **(f)**

In campeggio:
at the campsite

prenotare	to book
prenotazione	reservation
tenda	tent
parcheggare la roulotte	to park the caravan
il camper	camper/trailer
che servizi ci sono?	what facilities are there?
dov'è l'acqua potabile?	where is the drinking water?
la bombola del gas	gas bottle
la presa di corrente	electric socket
forse	perhaps, maybe
cartello	sign
nome (m)	name, first name
cognome (m)	surname
indirizzo	address

Dialogo

Il signore e la signora Hazeltine arrivano in un campeggio senza prenotazione.

Signor H.   **Avete il posto per un camper?**
Impiegata   **Per quante notti?**
Signor H.   **Cinque notti. Forse di più.**
Impiegata   **Ho un posto per cinque notti soltanto.**
Signor H.   **Va bene.**
Impiegata   **Il suo nome per favore?**
Signor H.   **Hazeltine.**
Impiegata   **Come si scrive?**
Signor H.   **Acca, a, zeta, e, elle, ti, i, enne, e. Dov'è il posto per il camper?**

Impiegata	Va avanti dritto, poi gira a destra e vede il cartello 'CAMPERS'.
Signor H.	Che servizi ci sono?
Impiegata	Bagni, docce, gabinetti, un negozio...
Signor H.	La presa della corrente c'è?
Impiegata	Certamente. Se ha bisogno di una bombola di gas la può richiedere al negozio.

☑ Pratica 6

(a) Which of the two campsites shown below could you use in winter?
(b) Could you work out what discount you would get at the Frassanito campsite, if you were a member of Federcampeggio?
(c) Would you go to the Frassanito if you wanted a holiday in the countryside?

OTRANTO (Lecce)
"Frassanito"
- A 12km. a
nord-ovest di
Otranto - Sul
mare - Tel
(0836) 85005

aperto da
aprile a
settembre
sconti. 10%
AIT-FIA-FICC
20%
Federcampeggio

VILLAGGIO TURISTICO SPORTIVO
SAN GIORGIO
CAMPEGGIO INTERNAZIONALE
70040 BARI - S.S. 16 al km. 809 deviazione per
S. Giorigio km. 6 a sud di Bari
Tel. 491175-491202-491226
Aperto tutto l'anno - Bungalows - Alloggi - Trulli - Complesso nautico con rimessaggio e assistenza - Articoli de campeggio e turismo - Assistenza Caravan - Bar - Tabacchi - Alimentari - Macelleria - Spaccio frutta e verdura - Market - Pizzeria - Tavola calda - Pattinaggio Hockey - Tennis - Bocce - Palestra - Sala Attrazioni - Complesso balneare con piscina e parco gionchi per bambini - Uffficio Postale - Chiesa

☑ Pratica 7

Read aloud the alphabet and practise spelling out your **nome, cognome** and **indirizzo**.

L'alfabeto						
A a	B bi	C ci	D di	E e	F effe	G gi
H acca	I i	J i-lungo	K cappa	L elle	M emme	N enne
O o	P pi	Q cu	R erre	S esse	T ti	U u
V vu	W doppia-vu	X ics	Y i-greco	Z zeta		

☑ *Pratica 8*

Read the following passage. Then answer the questions.

Soggiorno in albergo

Quando va in vacanza deve prenotare l'albergo in anticipo. Deve dire se desidera una camera con bagno o senza bagno; se vuole soltanto la camera, se preferisce stare a mezza pensione o a pensione completa. Se prende soltanto la camera chiede se la prima colazione è compresa (inclusa) nel prezzo. Vuole anche sapere se l'albergo accetta la carta di credito o altri tipi di pagamento come gli assegni turistici. Quando arriva chiede anche: **dove posso parcheggiare? Può far portare i bagagli in camera? A che ora è la prima colazione? A che ora è il pranzo? A che ora è la cena?** Se al mattino deve alzarsi presto la sera prima dice: **domani mattina desidero la sveglia alle... .** Se qualcosa non funziona o la camera non è tranquilla informa subito il direttore.

(*a*) Tell reception that tomorrow morning you wish to be called at six: _____

(*b*) Ask where you can park: _____

(*c*) Ask reception if they can get the porter to take your case to your room _____

☑ Un piccolo test

Do you remember how to say:

1 This is room 209.
2 There is no hot water in the bathroom.
3 The shower doesn't work.
4 Have you got a list of the hotels for this town?
5 Have you got a place for a caravan?
6 Where is the drinking water?

15

BUON APPETITO!

Enjoy your meal!

In this unit you will

- learn about Italian meals
- practise how to ask for the table which you prefer
- learn how to find out if you will like a particular dish
- learn how to order drinks and meals

Revisione

- how to express likes and dislikes – Unit 4
- how to ask for something – Unit 5
- how to say what you want to do – Unit 8

LO SPUNTINO
PANINOTECA

LO SPUNTINO
PANINOTECA

Via Garibaldi 172 - Tel. (0185) 773486
(Passeggiata di Camogli)
16032 CAMOGLI

• • •

↝ *HAMBURGERS*
HOT DOG
CRÊPES
45 TIPI DI PANINI
BIRRA ITALIANA ed ESTERA

Mangiare fuori:
eating out

tutto occupato	all taken
porta	door
finestra	window
tavola calda	snack bar
imbottito	filled
tramezzino	sandwich
autostrada	motorway
abbastanza·	reasonably/fairly
sostanzioso	substantial
gestire	to run, manage
a turno	in turn, in rota
saltare	to skip (literally to jump), to omit
ordinare un pasto	to order a meal
la (prima) colazione	breakfast
la seconda colazione/il pranzo	lunch
pranzare	to lunch
la cena	dinner
cenare	to dine
fare uno spuntino/una merenda	to have a snack
il piatto	dish
il menù	menu
al forno	cooked in the oven
alla griglia	grilled
arrosto	roasted
bollito	boiled
saltato	sauté, lightly fried
brasato	braised
fritto	fried
impanata	breadcrumbed
olio	oil
aceto	vinegar
sottaceti	mixed pickles
sale	salt
pepe	pepper
assortimento	selection
prendo una bistecca	I'll have a steak
ben cotta/media/al sangue	well done/medium/rare
fatto in casa	home-made
bere	to drink
che cosa beve/prende?	what will you drink/have?
prendo un analcolico	I'll have a non-alcoholic aperitif
succo di frutta	fruit juice
spremuta d'arancia	freshly squeezed oranges
acqua minerale (non) gassata	(not) sparkling mineral water
digestivo	digestive (liqueur)
con/senza ghiaccio	with/without ice

secco/dolce	dry/sweet
che cosa vuo dire...?	what does ... mean?
che cosa significa...?	what does ... mean?
come si dice...?	how does one say...?
mancia	tip
della casa	of the house

Da capire Mangiare bene

In Italia si può mangiare bene anche in pizzeria e in rosticceria. Se non si ha un enorme appetito si può anche andare a una tavola calda, in paninoteca (un negozio specializzato in panini imbottiti), o in un bar. Generalmente in un bar si può prendere un panino imbottito, un tramezzino o un ...toast (pronuncia *tost*); un toast in Italia è un *toasted sandwich*.

Per chi viaggia in automobile, in autostrada ci sono gli autogrill: ristoranti dove si mangia abbastanza bene, a buon mercato. Naturalmente se si desidera qualcosa di più sostanzioso ci sono i ristoranti e le trattorie. La trattoria è forse il posto migliore per mangiare bene. Generalmente è gestita da una famiglia, il cibo è casalingo e i prezzi sono moderati.

Bar e ristoranti chiudono a turno un giorno la settimana.

Ha capito?

1 Che cosa vende la paninoteca?
2 Che cosa bisogna dire in un bar per avere un *toasted sandwich*?
3 Dove sono gli autogrill?
4 Generalmente si mangia meglio al ristorante o in trattoria?

Dialogo

Chiara e Roberto vanno in una trattoria con Paul e Anne.

Roberto	**Buongiorno, ha un tavolo per quattro?**
Cameriere	**Hanno prenotato?**
Roberto	**No. È possibile sedere fuori?**
Cameriere	**Mi dispiace ma fuori è tutto occupato. Va bene qui?**
Chiara	**Questo tavolo è troppo vicino alla porta.**
Cameriere	**Vicino alla finestra va bene?**
Chiara	**Sì, grazie.**
Cameriere	**Desiderano un aperitivo?**

Paul	**Sì, grazie. Io prendo un Martini con ghiaccio.**
Anne	**Per me un succo di albicocca.**
Chiara	**Per me una spremuta d'arancia.**
Roberto	**Io prendo un analcolico.**

✔ *Pratica 1*

You and your friend arrive at the same restaurant; this time there is a table available outside.

You	*Ask for a table for two.*
Cameriere	**S'accomodino.**
You	*Ask if you (both) can sit outside.*
Cameriere	**Sì, c'è un tavolo libero. Desiderano un aperitivo?**
You	*Order an alcohol-free aperitif and a tomato juice without ice.*

✔ *Pratica 2*

Read the following passage and answer the questions.

Piatti italiani

Il fritto misto può essere di carne o di pesce. Generalmente nelle località di mare consiste in calamari e piccoli pesci fritti. Nelle località lontano dal mare il fritto misto consiste in carni varie e verdure miste fritte. La *mustard* inglese in italiano si chiama senape. La zuppa inglese non è una zuppa ma è un dolce simile al *trifle* inglese. Alla casalinga significa fatto in casa. In quasi tutti i ristoranti c'è un menù a prezzo fisso e una lista dei piatti del giorno. Un pasto completo consiste in **antipasto** (prosciutto e melone, salame, eccetera), il **primo piatto** (zuppa, minestrone o pasta), il **secondo piatto** (carne o pesce) con **contorno** di verdure o insalata e il **dolce** (o formaggio e frutta).

calamari	squid
contorno	side dish
insalata	salad

(a) Con quale piatto è servito il contorno?
(b) Nelle località di campagna che cosa servono come fritto misto?
(c) La zuppa inglese ha verdure?

◖◗ *Dialogo*

MENÙ

ANTIPASTI
antipasto misto
verdure ripiene
acciughe al limone
prosciutto e melone o fichi

PRIMI PIATTI
zuppa di verdura
spaghetti ai funghi
risotto di mare
fettuccine alla panna

SECONDI PIATTI
scaloppine al marsala
bistecca alla griglia
cotoletta alla milanese
brasato con lenticchie
pollo alla cacciatora
fegato alla veneziana
pesce al cartoccio
agnello arrosto

CONTORNI
spinaci al burro o limone
piselli al prezzemolo
fagiolini al burro
patate al forno e bollite
insalata mista

FORMAGGI ASSORTITI

FRUTTA E DOLCE
frutta di stagione
zuppa inglese
torta della casa
gelati assortiti

Servizio incluso

Chiara e Roberto discutono (*discuss*) il menù con i loro amici australiani Paul e Anne.

Roberto	**Cameriere, può portare il menù?**
Cameriere	**Subito, signori. Ecco il menù.**
Paul	**In che cosa consiste l'antipasto misto?**
Roberto	**L'antipasto misto è un assortimento di verdure ripiene, salame, prosciutto, sottaceti...**
Anne	**Che cos'è il risotto di mare?**
Chiara	**_Seafood_ risotto, con frutti di mare.**
Paul	**Panna vuol dire _cream_, non è vero?**
Chiara	**Sì. So che qui il pesce al cartoccio è eccellente. È pesce al forno, come si dice..._in a paper case._**
Anne	**E il fegato alla veneziana?**
Roberto	**Il fegato è _liver_. È fritto con cipolle e alloro.**

◀ *Pratica 3*

Now it's your turn to ask.

You	*What is* manzo brasato con lenticchie?
Cameriere	**Braised beef with lentils.**
You	*What does* marsala *mean?*
Cameriere	**È un tipo di vino siciliano.**
You	*Is* cotoletta alla milanese *fried meat?*
Cameriere	**Sì: impanata e fritta.**
You	*How do you say* chop *in Italian?*
Cameriere	**Braciola.**

⊃ *Dialogo*

Roberto, Chiara e i loro amici ordinano il pasto.

Cameriere	**Desiderano ordinare?**
Roberto	**Sì, grazie.** *(to Anne)* **Tu che cosa prendi?**
Anne	**Io prendo un antipasto misto e scaloppine al Marsala. Salto il primo piatto.**
Cameriere	**E come contorno?**
Anne	**Spinaci al limone e patate al forno.**
Chiara	**E tu, Paul?**
Paul	**Per me acciughe al limone e una bistecca alla griglia. Come contorno piselli al prezzemolo e carciofi fritti.**
Cameriere	**Come vuole la bistecca?**
Paul	**Media.**
Chiara	**Io prendo prosciutto crudo con fichi e risotto di mare.**
Roberto	**Per me fettuccine alla panna e fegato alla veneziana. Per contorno patate bollite e fagiolini al burro.**
Cameriere	**Da bere che cosa prendono?**
Roberto	**Una bottiglia di vino bianco secco e una caraffa di vino rosso della casa.**
Anne	**E una bottiglia di acqua minerale.**

acciughe	anchovies
prezzemolo	parsley
fico (fichi)	fig(s)

☑ *Pratica 4*

Your friend doesn't speak Italian so you order for both of you.

Cameriere	**Desiderano ordinare?**
You	*Yes, thank him and say that you will skip the hors d'oeuvre and have vegetable soup and roast lamb.*
Cameriere	**E come contorno?**
You	*As a side dish you will have fried artichokes and roast potatoes.*
Cameriere	**E il signore?**
You	*The gentleman will have stuffed vegetables and chicken cacciatora with salad.*
Cameriere	**Da bere?**
You	*Half a carafe of red house wine and half a bottle of mineral water.*

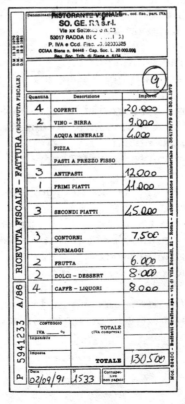

⟩Dialogo

Alla fine del pasto il cameriere ritorna con il menù.

Cameriere	**Tutto bene?**
Roberto	**Sì, grazie.**
Cameriere	**Desiderano dolce, gelato, formaggio?**
Chiara	**Io vorrei un po' di frutta. Tu, Anne?**
Anne	**Anch'io preferisco frutta fresca.**
Paul	**Io prendo la zuppa inglese.**
Roberto	**Per me un gelato misto.**
Cameriere	**Dopo desiderano il caffè? Un digestivo?**
Roberto	**Quattro caffè e il conto per favore.**

gelato misto	ice cream of mixed flavours

⟩ Pratica 5

The waiter comes back with the menu.

Cameriere	**Tutto bene?**
You	*Say yes, thank you.*
Cameriere	**Desiderano un dolce?**
You	*You would like the home-made cake and for the gentleman some cheese.*
Cameriere	**Dopo desiderano un caffè? Un digestivo?**
You	*A liqueur, a coffee and the bill, please.*

⟩ Un piccolo test:

How would you say to the head waiter:

1 there is too much salt in the soup.
2 you would like some bread, please.
3 the chicken is cold.
4 the steak is not well done.
5 there is no pepper on the table.

16

VITA IN FAMIGLIA
Family life

In this unit you will

- practise talking about family and home
- express how you feel and say if one is right or wrong

Revisione

- how to describe something – Unit 4
- how to talk about the things you do – Unit 9
- how to express preferences – Unit 4

Da capire Case e appartamenti

Casa significa *house* e *home* e la maggior parte degli italiani dice casa anche quando parla di un appartamento. Un edificio con appartamenti si chiama palazzo o condominio. Nei palazzi antichi, specialmente nel centro storico delle città, c'è ancora il portiere ma in quelli moderni, all'esterno, vicino all'ingresso principale, ci sono i campanelli di tutti i condòmini e un citòfono per comunicare con loro. Non tutte le persone posseggono l'appartamento in cui (*in which*) àbitano: alcuni lo hanno in affitto. Affittare significa sia dare in affitto (*let*) che prèndere in affitto (*rent*). Un appartamento con doppi servizi significa un appartamento con due bagni.

Ha capito?

Vero o falso?

		Vero	Falso
1	'Casa' può èssere anche un appartamento.	☐	☐
2	Nei palazzi moderni c'è il portiere.	☐	☐
3	Tutti gli italiani hanno appartamenti in affitto.	☐	☐
4	Normalmente gli appartamenti hanno doppi servizi.	☐	☐
5	Affittare vuol dire 'dare' o 'prèndere' in affitto.	☐	☐

Casa e giardino: *house and garden*

il portiere	doorman, janitor
ingresso	entrance
campanello	bell (push)
condòmino	occupier
citòfono	intercom
sia ... che	both ... and
dare/prèndere in affitto	to let/rent
fiori (di campo)	(wild) flowers
àlbero	tree

erbe aromatiche	herbs
aglio	garlic
cucina	kitchen
studio	study
salotto	living room
sala da pranzo	dining room
caminetto	fire place
mostrare	to show
portare	to bring/carry
aiutare a lavare i piatti	to help do the washing up
stirare	to do the ironing
spolverare	to do the dusting
rifare il letto	to make the bed

Animali domestici: *pets*

il cane	dog
il gatto	cat
l'uccello	bird

Expressing how you feel

essere felice	to be happy
triste	sad
stanco(-a)	tired
simpatico(-a)	pleasant
antipatico(-a)	unpleasant
preoccupato(-a)	worried
avere caldo	to be hot
freddo	cold
fame	hungry
sete	thirsty
ragione	right
torto	wrong
voglia di	feel like
bisogno di	need
d'accordo allora	that's settled then
con piacere	with pleasure
sono sicuro(-a)	I'm sure
ridere	to laugh
scherzare	to joke
contro	against/versus
una volta la settimana	once a week
che bel giardino!	what a beautiful garden!
chi lo cura?	who looks after it?
il giardiniere	gardener
l'orto	vegetable garden
più che altro	more than anything else
ho una passione per	I am very keen on
ha proprio l'atmosfera dei tempi passati	it really has the atmosphere of bygone times

ATTENTI AL CANE

🕶 *Dialogo*

Chiara ha invitato Francesca nella sua casa di campagna.

Francesca	**Che bel giardino! Chi lo cura?**
Chiara	**Roberto ed io, quando siamo qui. Quando non ci siamo viene un giardiniere una volta la settimana. Più che altro noi curiamo l'orto. Io ho una passione per le erbe aromatiche: rosmarino, maggiorana, basilico... però mi piacciono anche i fiori di campo.**
Francesca	**Questo è aglio?**
Chiara	**Sì. Vieni, ti mostro la casa. Questa è la cucina: è un po' vecchia ma a noi piace.**
Francesca	**Ha proprio l'atmosfera dei tempi passati...**
Chiara	**Questo è il bagno, qui c'è il salotto... la sala da pranzo... al piano di sopra c'è la nostra camera e quella per gli ospiti, un piccolo studio e un altro bagno.**
Francesca	**Ah... vedo che avete il caminetto!**
Chiara	**Sì, qualche volta è un po' un problema. Vieni, andiamo in veranda.**

⚙ ———— Spiegazioni ————

1   **Che** can be used in exclamations:
   (*a*)   before a noun to express *what (a)...!*
   che peccato! *what a pity!* **che noia!** *what a nuisance!*
   (*b*)   before an adjective to translate *how...!*
   che bello! *how nice!*   **che buffo!** *how funny!*

2   When **bello** *beautiful/nice/handsome* is followed by a noun, its ending imitates the definite article (**il, lo, la**, etc.).
   bel fiore *beautiful flower* **begli occhi** *beautiful eyes*
   bell'idea *nice idea*   **bei ragazzi** *handsome boys*

✔ *Pratica 1*

Answer these questions by re-shaping the question to form your answer. Esempio (*example*): Lei ha un giardino? (*yes*) = **Sì, ho un giardino.**

(a) Ci sono fiori nel suo giardino? (*yes*)
(b) Chi cura il giardino? (*you*)
(c) Ci sono alberi? (*a few*)
(d) Lei ha un orto? (*yes*)
(e) Preferisce curare il giardino o l'orto? (*the vegetable garden*)
(f) Che fiori preferisce? (*wild flowers*)
(g) La sua casa è antica o moderna? (*old*)
(h) Quante camere ci sono nella sua casa? (*three*)
(i) Quanti bagni ci sono? (*two*)
(j) C'è uno studio? (*no*)
(k) Il salotto c'è? (*there are two*)

✔️ Pratica 2

Using **Pratica 1** as an example practise (aloud) talking about your home: casa/appartamento, camere, giardino, orto ...

LA FAMIGLIA FERRARI

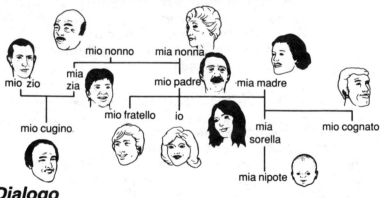

👀 Dialogo

Sulla veranda Chiara mostra all'amica l'album delle fotografie di famiglia.

Chiara   **Questa è mia sorella Giovanna.**
Francesca   **Io non la conosco.**
Chiara   **Ci vediamo poco perchè abita a Verona. Questa è sua figlia: mia nipote Lorenza. Questo è mio cognato. Lui è di Roma ma abita a Verona da molti anni.**
Francesca   **Vedo che hanno un bellissimo cane.**

Chiara	Sì, hanno anche un gatto e un canarino. La settimana prossima intendo andare a trovarli. Vuoi venire?
Francesca	Con piacere: ho bisogno di una vacanza e la settimana prossima sono in ferie.
Chiara	D'accordo allora. Prendi qualcosa da bere?
Francesca	Ho voglia di un gelato: ne hai?
Chiara	Sì, è nel freezer. È arrivata un'auto: devono essere Roberto, Sergio e Valentina.
Francesca	Non passano molte auto qui. I tuoi vicini come sono?
Chiara	Sono molto simpatici: lei è una biologa di Pavia, è divorziata. Lui è vedovo. È avvocato. *(to Roberto)* Hai portato la carbonella per il barbecue?

canarino	canary
in ferie	on leave/on vacation
vicino	neighbour
biologo	biologist
divorziato	divorced
vedovo	widower
carbonella	charcoal

✔️*Pratica 3*

Answer the questions in the same way as you did in **Pratica 1**.

(a) Lei ha fratelli e sorelle? *(a brother and a sister)*
(b) quanti anni ha suo fratello? *(44)*
(c) e sua sorella? *(38)*
(d) che lavoro fanno? *(your brother is a biologist, your sister is a lawyer)*
(e) Lei ha animali domestici? *(a dog and a cat)*
(f) quando va in ferie? *(on July 15, for 3 weeks)*
(g) come sono i suoi vicini? *(they are pleasant)*

✔️*Pratica 4*

Practise talking about your family: one by one, say how they are related to you (cousins, in-laws etc.), if you see them often, if they have pets … say as many things as you can think of.

◖◗ *Dialogo*

Dopo il barbecue le due coppie (*the two couples*) prendono il caffè e continuano la conversazione in salotto.

Sergio	**Che tranquillità! Si sẹntono soltanto gli uccelli.**
Chiara	**Pensa che mia suọcera quando viene qui non può dormire! Dice che qui è troppo tranquillo!**
Francesca	**Quando io sono triste preferisco essere in città.**
Sergio	**Triste? Tu non sei mai triste quando sei in cạmpagna: ridi e scherzi tutto il giorno.**
Francesca	**È vero, io in campagna sto bene. Posso aiutare a lavare i piatti?**
Chiara	**Oggi tocca a Roberto!**
Roberto	**Sei sicura? Io li ho lavati ieri.**
Chiara	**È vero ma io ho stirato, spolverato, rifatto il letto...**
Roberto	**Va bene, ho capito: tocca a me!**

✔*Pratica 5*

How do the people in the pictures below feel?

(*a*) **Sono** _____ ! (*b*) **Sono** _____ ! (*c*) **Sono** _____ !

(*d*) **Ho** _____ ! (*e*) **Ho** _____ ! (*f*) **Ho** _____ !

✓ Pratica 6

Many terms in this passage are similar to their English equivalents. Read it aloud and answer the questions.

Vivere insieme

La riforma legislativa del 1975 ha dato gli stessi diritti e gli stessi doveri sia al marito che alla moglie. La figura del marito quindi non è più quella di capofamiglia.

Il Parlamento italiano ha introdotto la possibilità di divorzio nel 1970 ma ha trovato l'opposizione di molti cattolici e nel 1974 è stato organizzato un referendum contro questa legge. Il voto popolare, però, ha confermato che il divorzio è accettato dalla grande maggioranza.

In Italia si può usare il termine *partner* in commercio o per descrivere il compagno o la compagna in relazioni sentimentali. Generalmente l'espressione *il mio compagno* o *la mia compagna* è usata da coppie che abitano insieme senza essere sposate.

diritto	right
il dovere	duty
il capofamiglia	head of the household
la legge	law
descrivere	to describe
insieme	together

Vero o falso?

	Vero	Falso
(a) In Italia il marito è capofamiglia.	☐	☐
(b) La maggioranza delle persone è per il divorzio.	☐	☐

✓ Un piccolo test

How would you say in Italian:

1 I am hot.
2 She is pleasant.
3 She is unpleasant.
4 He is tired.
5 He is right.
6 He is wrong.
7 I feel like an ice cream.
8 I need a holiday.

17

MANTENERSI IN FORMA
Keeping fit

In this unit you will

- learn how to explain minor ailments to the doctor or chemist
- practise talking about sporting activities
- practise buying a ticket for the theatre

Revisione

- how to talk about the things you do – Unit 9
- how to say what you want to do – Unit 8
- how to ask for something and how to ask the price – Unit 5

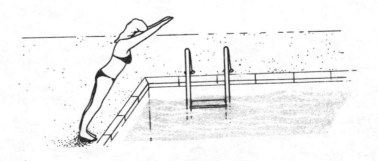

Read aloud this passage.

Da capire Il tempo libero

Nelle località turistiche ci sono divertimenti e spettacoli per tutti i gusti e tutte le età; musica, danze folkloristiche, gare. Chi è appassionato di teatro trova facilmente qualcosa da vedere. In ogni città (anche piccola) c'è un teatro ed è abbastanza facile trovare dei posti liberi. In estate ci sono molti spettacoli all'aria aperta alcuni dei quali sono sponsorizzati dalle autorità regionali e sono gratuiti. La Stagione dell'Opera inizia a dicembre e finisce a maggio o giugno. A Verona l'opera all'aria aperta ha luogo in luglio e agosto.

Ha capito?

Scelga la risposta giusta: *choose the right answer*

1 Alcuni spettacoli sono
   (*a*) bellissimi. □ (*b*) a ingresso libero. □ (*c*) orribili. □

2 Nelle località turistiche gli spettacoli sono
   (*a*) moltissimi. □ (*b*) di buon gusto. □ (*c*) facili. □

3 Chi è appassionato di teatro
   (*a*) deve andare nelle piccole città. □   (*b*) ha molta scelta. □
   (*c*) trova posti da dicembre a maggio. □

Salute e divertimento: _____
health and entertainment

Sport	
giocare	to play
squadra	team
avversario	opposing
vincere	to win
perdere	to lose
pareggiare	to draw
partita	match
gara	race, competition
vela	sailing
palestra	gymnasium
sciare	skiing
m'impegno di più	I concentrate more
calcio	football
faccio il tifo per ...	I support ...

Ambulatorio: *doctor's surgery*

mi sento male	I feel ill
non mi sento bene	I don't feel well
mi fa male ...	my ... hurts
ho mal di	I have (a)
testa	headache
denti	toothache
gola	sore throat
stomaco	stomach-ache
mare	sea-sickness
aria	air-sickness
tosse (f)	cough
taglio	cut
svenire	to faint
scottatura	(sun) burn
prendere una scottatura	to get sunburnt
puntura d'insetto	insect bite/sting
mi faccia vedere	let me see
la pelle	skin
prescrivere	to prescribe
da applicare	to apply

Medicine: *medicines*

compresse	tablets
pillole	pills
gocce	drops
supposte	suppositories
iniezione	injection
pomata	ointment
sciroppo	cough mixture
pasticche	lozenges

Spettacoli: *performances/shows*

divertimento	amusement/entertainment
rappresentazione (f)	performance/show
ingresso libero	free admission
commedia	play
posto	seat
platea	stalls
poltrona	seat in the stalls
galleria	circle/balcony
loggione (m)	top balcony/the gods
è tutto esaurito	it's sold out
per tutti i gusti	for all tastes
per tutte le età	for all ages
avere luogo	to take place
appassionato	enthusiast
facilmente	easily
molta scelta	plenty of choice

🔊 *Dialogo*

📼 Anne va in ambulatorio.

Anne	**Buongiorno dottore. Ieri sono stata tutto il giorno in barca e ho preso una scottatura. Ho usato la crema protettiva ma...**
Dottore	**Mi faccia vedere. Vedo che ha la pelle irritata. Che sintomi ha?**
Anne	**Ho mal di testa, una leggera nausea e un po' di bruciore alla pelle.**
Dottore	**Le prescrivo un impacco freddo da applicare alla pelle e una pomata emolliente. Per la nausea e il mal di testa prenda queste gocce tre volte al giorno prima dei pasti.**

barca	boat
bruciore	burning/stinging sensation
impacco freddo	cold compress

✔ *Pratica 1*

Now answer these questions without looking at the dialogue.

(a) Che cosa ha preso Anne?
(b) La pelle com'è?
(c) Che sintomi ha?
(d) Quante volte al giorno deve prendere le gocce?
(e) Quali altre medicazioni deve prendere?

✔ *Pratica 2*

Re-arrange this dialogue between a gentleman and a chemist.

Signore	**Ho mal di gola.**	(1)
Farmacista	**Tre volte al giorno, lontano dai pasti.**	(2)
Signore	**Grazie, quant'è?**	(3)
Farmacista	**Ha anche la tosse?**	(4)
Signore	**Quando lo devo prendere?**	(5)
Farmacista	**Le do questo sciroppo.**	(6)
Signore	**Sì, e catarro.**	(7)
Farmacista	**Tremiladuecento.**	(8)

🔾 *Dialogo*

Roberto e Chiara sono alla spiaggia e chiacchierano (*chat*) con una coppia di americani.

Alan   **Lei pratica uno sport?**

Roberto   **Gioco a squash e pratico un po' di vela. E Lei?**

Alan   **Io faccio jogging tutte le mattine e due volte la settimana vado in palestra. E Lei, signora?**

Chiara   **Io gioco a tennis. In inverno Roberto ed io andiamo a sciare. Facciamo anche molto nuoto: in estate al mare e in inverno in piscina.**

Susan   **Anch'io gioco a tennis. Lei è brava?**

Chiara   **Mah... non so: qualche volta gioco bene e qualche volta male. Dipende anche dall'avversario, se è bravo m'impegno di più.**

Roberto   **Lo sport più popolare negli Stati Uniti è il baseball, no?**

Alan   **Sì. In Italia è il calcio, non è vero?**

Roberto   **È il calcio, sì. Io faccio il tifo per il Genoa e mia moglie per la Sampdoria: sono due squadre locali.**

Chiara   **Eh, sì... quando c'è la partita fra le due squadre è un po' un problema... se il Genoa perde Roberto mette il muso per due giorni. Dice che la colpa è dell'arbitro!**

è un po' un problema	it's a bit of a problem
mette il muso	he pulls a long face
la colpa è dell' arbitro ...	it's the referee's fault

✓ *Pratica 3*

Read again the dialogue above and answer these questions.

(a) Qual è lo sport più popolare in Italia?
(b) Quali sport pratica Chiara?
(c) La vela è uno sport acquatico o di montagna?
(d) Roberto e Chiara fanno il tifo per la stessa squadra?

✓ *Pratica 4*

Make up eight sentences relating the words in the box to the sports illustrated below. Esempio: **Il polo è uno sport difficile.**

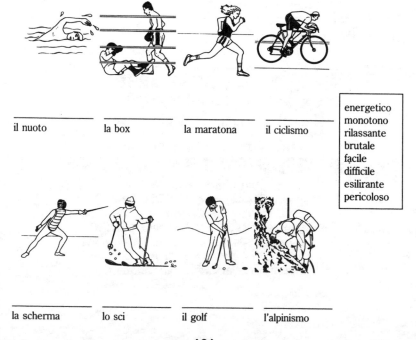

| il nuoto | la box | la maratona | il ciclismo |

energetico
monotono
rilassante
brutale
facile
difficile
esilirante
pericoloso

| la scherma | lo sci | il golf | l'alpinismo |

🎧 Dialogo 3

Mr and Mrs Ross are booking two seats for a play. Is it possible for them to go on a Monday? What time is the performance?

Mr Ross	**Vorrei prenotare due posti per la commedia di lunedì prossimo.**
Impiegata	**Mi dispiace ma non ci sono più posti: è tutto esaurito.**
Mr Ross	**Ci sono posti martedì?**
Impiegata	**Martedì abbiamo alcune poltrone in terza fila.**
Mr Ross	**Va bene per martedì, allora. A che ora comincia lo spettacolo?**
Impiegata	**Alle nove.**

🖐 Pratica 5

You wish to go to see Pirandello's play.

(a) When can you go?
(b) At what time does it start?
(c) Is there a matinée?
(d) Is the company local?

AL GENOVESE
COMPAGNIE OSPITI

Da dopodomani ore 20,30

Teatro Stabile di Trieste presenta

SEI PERSONAGGI IN CERCA D'AUTORE
di Luigi Pirandello
regia di **Giuseppe PATRONI GRIFFI**
con

Mariano **RIGILLO**	**Ilaria OCCHINI**
Giovanni CRIPPA	**Laura MARINONI**

e con **Caterina BORATTO**
e la partecipazione straordinaria di
Vittorio CAPRIOLI

📝 Pratica 6

Read the passage below and then do the exercise.

Sport e medicina alternativa

L'Italia offre molte possibilità per stare bene o per migliorare la propria salute. Il clima temperato e le caratteristiche del terreno incoraggiano la vita all'aria aperta e le attività sportive in generale come il nuoto, lo sci, l'alpinismo e tutti gli altri sport di mare o di montagna. Inoltre la dieta mediterranea a base di verdura fresca, frutta e pasta, è molto apprezzata dai dietologhi.

La medicina alternativa comincia ad essere apprezzata da molti medici, farmacisti e pazienti e il Ministero della Sanità ha autorizzato una lista di piante ed erbe medicinali da usare come rimedio contro molte malattie e disturbi.

Per piccole indisposizioni gli italiani vanno in farmacia. Il farmacista è laureato all'università e ha molta esperienza nella preparazione delle medicine ed ha la facoltà di vendere alcune medicine senza la prescrizione medica, secondo la sua discrezione. In zone lontane dagli ospedali il farmacista può fare servizio di pronto soccorso come medicazioni o iniezioni.

Ministero della Sanità	Health Ministry
pianta	plant
malattia	illness
disturbo	disorder
pronto soccorso	first aid
essere laureato	to have a degree
secondo	according to
l'ospedale	hospital

Vero o falso?

	Vero	**Falso**
(a) La dieta mediterranea fa bene alla salute.	☐	☐
(b) Le cure a base di piante ed erbe sono state approvate dal Ministero della Sanità.	☐	☐
(c) Il farmacista ha molta discrezione.	☐	☐

☑ Un piccolo test

Can you say?

1   Two seats for the play.
2   What time does the opera start?
3   Do you do any sport?
4   Is the entrance free?
5   Have you two seats in the stalls?
6   Who is winning (wins)?
7   I play tennis.
8   I don't feel well.
9   I have a slight sunburn.
10   It is an insect bite.

18

CHE TEMPO FA?
What's the weather like?

In this unit you will

● practise talking about the weather and beach activities

Revisione

● how to describe something – Unit 4
● how to describe the things you do – Unit 9

With the help of the vocabulary on page 167 you should be able to understand the following passage. Read it aloud then answer the questions.

Da capire   Il clima italiano

Il clima italiano è temperato ma con grandi differenze non soltanto tra il Nord e il Sud ma anche tra la costa e l'entroterra e tra la pianura e la montagna. Le Alpi attraversano il nord dell'Italia (da ovest a est) e gli Appennini attraversano la penisola da nord a sud. In inverno nelle Alpi fa freddo e il clima è asciutto con precipitazioni nevose e piogge scarse. In estate fa piacevolmente fresco.

Nelle regioni dell'Appennino (eccetto la Calabria) gli inverni possono essere rigidi (molto freddi) con precipitazioni abbondanti di neve e pioggia.

Nella Pianura Padana (*Po Valley*), la zona che include il Piemonte, la Lombardia e l'Emilia, il clima è freddo e umido durante l'inverno e afoso in estate.

Nella riviera ligure e lungo la costa del Mar Tirreno l'inverno è mite e l'estate è calda e asciutta.

Ha capito?

1 Il clima italiano è uniforme?
2 Generalmente dove nevica in inverno?
3 Nella Pianura Padana il clima è buono?

IL TEMPO

Il tempo: *the weather*

che tempo fa?	what's the weather like?
fa bel tempo	it's fine
fa caldo	it's hot
c'è il sole	it's sunny
il cielo è sereno	the sky is clear
fa cattivo tempo	it's bad weather
fa freddo	it's cold
il cielo è coperto	the sky is overcast
è nuvoloso (nuvola)	it's cloudy (cloud)
c'è un temporale	there is a storm
c'è la nebbia	it's foggy
piove (pioggia)	it's raining (rain)
grandina (grandine)	it's hailing (hail)
nevica (neve)	it's snowing (snow)
precipitazioni nevose	snowfalls
tira vento	it's windy
lampeggia	it's lightning
tuona	it's thundering
tempo umido	humid weather
una giornata afosa	a sultry day
c'è una leggera brezza	there is a light breeze
entroterra	inland
la pianura	the plains
asciutto	dry
scarso	meagre, scarce
rigido	severe
mite	mild

Dialogo

Roberto e Chiara sono andati a fare un'escursione in montagna.

Chiara   **Che ore sono?**

Roberto   **Le quattro e mezzo. È meglio cominciare a scendere. Guarda laggiù: c'è un temporale che si avvicina da est.**

Chiara   **Lo vedo: fra mezz'ora è qui. Grazie al cielo ho l'impermeabile tascabile nello zaino. Tu hai il tuo?**

Roberto   **Sì. Se camminiamo di buon passo fra mezz'ora possiamo raggiungere il rifugio.**
(after twenty minutes)

Chiara **Comincia a piovere. Presto... Grandina! Aiutooooo...!**

scendere	to go down
guarda laggiù	look over there
si avvicina	it is approaching
grazie al cielo	thank heavens
l'impermeabile tascabile	lightweight pocket mac (pack-a-mac)
zaino	knapsack
di buon passo	at a good pace
rifugio	mountain refuge
aiuto!	help!

☑*Pratica 1*

Fill in the spaces to indicate the weather shown in the pictures.

Esempi: **Il cielo è coperto. Grandina.**

(*a*) Il cielo è _____ .   (*b*) Il mare è _____ .   (*c*) Tira _____ .

(*d*) C'è un _____ .   (*e*) C'è la _____ .   (*f*) _____ .

☑ *Pratica 2*

What is the opposite of the following sentences?

(a) Oggi fa molto caldo.
(b) Il cielo è coperto.
(c) Fa cattivo tempo.
(d) Piove.
(e) Il tempo è secco.
(f) La temperatura è bassa.

La spiaggia: *the beach*

il mare è calmo (agitato/mosso)	the sea is calm (rough)
nuotare	to swim
fare il bagno	to bathe
abbronzarsi	to tan
sdraio	deck chair
ombrellone (m)	beach umbrella
bagnino	lifeguard
il costume da bagno	swimming costume
asciugamano	towel
cabina	bathing hut
pericoloso	dangerous
sto a riva	I stay close to the shore
bandiera rossa	red flag
non lo permette	he/she doesn't allow it
sabbia	sand
palla	ball
aspetta un momento	wait a moment
occhiali da sole	sun glasses

Dialogo

 Chiara e Francesca sono alla spiaggia con Valentina mentre Roberto e Sergio sono andati per funghi.

Francesca	**Valentina, ho dimenticato l'asciugamano in cabina, lo vuoi andare a prendere?**
Valentina	**Sì, mamma. Dopo posso fare il bagno?**
Francesca	**Il mare è troppo agitato.**

Valentina	**Ma io sto a riva.**
Francesca	**È pericoloso, non vedi che c'è la bandiera rossa? Il bagnino non lo permette.**
Valentina	**Che cosa faccio, allora?**
Francesca	**Gioca con la sabbia.**
Chiara	**Facciamo un castello.**
Valentina	**Il castello l'ho già fatto ieri.**
Chiara	**Allora giochiamo a palla. Aspetta un momento che metto gli occhiali da sole. Francesca, vuoi giocare anche tu?**
Francesca	**No, grazie, preferisco prendere il sole.**

✔ Pratica 3

Previsioni del tempo. Here is the weather forecast for tomorrow. Will it be risky to take a boat trip along the northern riviera?

Su tutte le regioni condizioni del tempo variabili con tendenza alla scomparsa della nuvolosità durante il pomeriggio. Venti moderati al nord. Mari calmi o poco mossi con possibilità di un aumento del moto ondoso nelle regioni meridionali.

scomparsa	disappearing
nuvolosità	cloudiness/clouds
aumento del moto ondoso	increase in wave motion
meridionali/settentrionali	southern/northern

✔ Pratica 4

Match phrases (a)-(e) to phrases (i)-(v) to make complete statements.

(a) Quando il mare è molto agitato…	(i) vado sotto l'ombrellone.
(b) Non voglio stare al sole…	(ii) è pericoloso nuotare.
(c) Vorrei abbronzarmi	(iii) ma non c'è vento.
(d) Vorrei fare un po' di windsurf…	(iv) ma non c'è sole.
(e) Vorrei affittare una sdraio…	(v) e un ombrellone per oggi.

Pratica 5

Read the passage below and answer the questions.

Ferie d'agosto

Durante la prima metà di agosto le fabbriche e gli uffici chiudono e la maggior parte degli italiani va in vacanza. Tra gli ultimi giorni di luglio e i primi giorni di agosto il traffico sulle strade è impossibile e anche pericoloso. Per entrare in autostrada bisogna fare ore di coda ai caselli. Per quindici giorni le grandi città sono deserte e le località di villeggiatura sono estremamente affollate.

Il 15 agosto è la festa dell'Assunta. Questa festa è stata estesa ai giorni che precedono e seguono il giorno 15 e si chiama festa di Ferragosto. Dopo il Ferragosto tutti ritornano al lavoro e sulle strade ritornano gli ingorghi e gli incidenti.

la metà	half
la fabbrica	factory
ultimo	last
casello	toll-booth
affollato	crowded
l'Assunta	Assumption day
seguire	to follow
l'ingorgo	traffic jam
l'incidente	accident

(a) In quale periodo i posti di villeggiatura sono più affollati?
(b) Per usare l'autostrada bisogna pagare?
(c) Quando finiscono le vacanze per molti italiani?

Un piccolo test

Vero o falso?

	Vero	Falso
(a) Quando il cielo è coperto ci sono molte nuvole.	☐	☐
(b) Quando fa molto caldo generalmente grandina.	☐	☐
(c) Quando la temperatura è alta fa molto freddo.	☐	☐
(d) È preferibile fare il bagno quando il mare è calmo.	☐	☐
(e) Per nuotare è necessario andare in piscina o al mare.	☐	☐
(f) La bandiera rossa indica che il mare è calmo.	☐	☐

19

IL PIENO, PER FAVORE

Fill it up, please

In this unit you will

- learn some basic motoring phrases, including asking for petrol
- practise some expressions required in an emergency

Revisione

- how to ask for the price of something and how to state quantities – Unit 5
- numbers – Units 3, 4 and 5
- how to make comparisons – Unit 8

Automobile/auto/macchina: *car*

noleggiare un'auto(mobile)	to rent a car
chilometraggio illimitato	unlimited mileage
il distributore di benzina	petrol station
benzina senza piombo	unleaded petrol
il pieno, per favore	fill it up, please
normale o super?	two-star or four-star?
mancare	to lack/be short of
gasolio	diesel fuel
ho un guasto alla macchina	my car has broken down
cambiare una gomma	to change a tyre
ho una gomma a terra	I have a flat tyre
batteria	battery
il radiatore	radiator
può controllare l'acqua?	can you check the water?
l'olio?	the oil?
le candele?	the plugs?
pulire il parabrezza	to clean the windscreen
posteggiare/parcheggiare	to park
divieto/vietato	forbidden/prohibited
zona di rimozione forzata	tow-away zone
la rete	network
galleria	tunnel
casello	toll booth
pedaggio	toll
lunghezza	length
viaggio	journey, trip
cilindrata	engine capacity
collegare	to link
evitare (evitando)	to avoid (avoiding)

Emergenza: *emergency*

aiuto!	help!
permesso!	let me through!
presto!	hurry!/quick!
attenzione!	look out!
guardi!	look!
ascolti!	listen!
chiami un ambulanza	call an ambulance
la polizia	the police
i pompieri	the firemen
pronto soccorso	casualty department/first aid

In caso di emergenza (ambulanza, polizia, pompieri) bisogna telefonare al 113.

Listen to, or read aloud, the passage, then answer the questions. Some new words are similar to their English equivalents.

Da capire Autostrade e superstrade

La rete autostradale in Italia è lunga più di 5.000 chilometri. La natura del terreno, per la maggior parte montagnoso, richiede la costruzione di molti ponti e gallerie con il conseguente investimento di molti capitali. Prima di entrare in autostrada bisogna fermarsi al casello e ritirare il biglietto. All'uscita bisogna pagare il pedaggio. Il costo del pedaggio dipende dalla lunghezza del percorso (*length of the journey*) e dalla cilindrata dell'automobile.

Le superstrade sono strade simili alle autostrade che collegano le città tra loro, evitando i centri abitati. Nelle superstrade non si paga il pedaggio.

Ha capito?

1 Il pedaggio si paga all'entrata o all'uscita?
2 Un'auto molto grande paga di più o di meno di un auto piccola?
3 Prima di entrare in una superstrada bisogna fermarsi?

Now that you have an idea of how motorists use the Italian motorways, try and imagine how you might describe how British roads are organised.

Dialogo

Roberto e un suo collega (*colleague*) vanno a Roma in auto per lavoro. Durante il viaggio ...

Roberto	**Devo fare benzina.**
Collega	**C'è un distributore a circa due chilometri.**
	(The car stops at the petrol station.)
Roberto	**Il pieno, per favore.**
Benzinaio	**Normale o super?**
Roberto	**Super. Senza piombo. Può controllare l'acqua e l'olio, per favore?**
Benzinaio	**L'olio va bene. Manca un po' d'acqua.**
	(He tops up the water.)
Roberto	**Grazie. Quant'è?**
Benzinaio	**Cinquantaduemila per la benzina.**
Roberto	**E per l'acqua?**
Benzinaio	**Per l'acqua niente. Aspetti un momento che pulisco il parabrezza.**
Roberto	**Grazie. Buongiorno.**

🗸 *Pratica 1*

You stop at a petrol station.

You	*Say fill it up, please.*
Benzinaio	**Normale o super?**
You	*You want four star.*
Benzinaio	*(Seeing that you've come a long way.)* **Vuole un controllo all'acqua nel radiatore?**
You	*Say no thanks, the water is OK; can he check the oil?*
Benzinaio	*(He checks the oil.)* **L'olio va bene.**
You	*Ask him if he can clean the windscreen.*
Benzinaio	**Certamente. Ecco. Ha i buoni benzina?**
You	*You don't understand and say pardon?*
Benzinaio	**Coupons... petrol coupons. Gli stranieri hanno uno sconto sulla benzina.**
You	*Say no, you haven't got them. How much is it?*

🗸 *Pratica 2*

You want to rent a car and you go to an **autonoleggi.**

You	*Say that you would like to rent a car.*
Impiegato	**Che tipo di auto desidera?**
You	*You want a small car.*
Impiegato	**Una Panda va bene?**
You	*Say yes a Panda is OK and ask him if it has unlimited mileage.*
Impiegato	**Sì. Chilometraggio illimitato.**
You	*Ask him how much it costs per day.*
Impiegato	**Cinquantamila lire al giorno.**
You	*Ask him if the petrol is included.*
Impiegato	**No. La benzina non è mai inclusa.**

🗸 *Pratica 3*
Avvisi e cartelli: *notices and signs*

(a) (*i*) Can you park a truck
in this car park?
(*ii*) Is there a car
park attendant?

veicoli da campeggio
autocarri - roulottes
campers - etc.

rimozione forzata

SOSTA CONSENTITA
AUTOVETTURE
NEI LIMITI SEGNATI

(*iii*) Can you park on Wednesdays?
(*iv*) How long could you stay for 600 lira?

(*b*) (*i*) What is likely to happen if you stop your caravan here?
(*ii*) Will cars receive the same treatment?

e vietato
attraversare
i binari

sottopassaggio

(*c*) (*i*) What does this railway sign mean?
(*ii*) What alternative is provided?

🔊 Dialogo

Un signore anziano è svenuto sul marciapiede in una via di Firenze. Un gruppo di persone si forma.

Passante   *(to another passer-by)* **Guardi! Quel signore è svenuto! Bisogna chiamare un dottore.**

Dottore   **Permesso! Io sono dottore. È meglio chiamare un'ambulanza.**

Passante   **Presto! Chiamate un ambulanza.**
(an ambulance arrives)

Dottore   **Portatelo al pronto soccorso.**

svenire	to faint
il marciapiede	pavement
portatelo	take him
formarsi	to form

✅ Pratica 4

(*a*) Someone calls for help: what does he/she say?
  (i) **presto!**   (ii) **guardi!**   (iii) **aiuto!**

(*b*) Someone is about to step on a banana skin: what do you say?
  (i) **ascolti!**   (ii) **guardi!**   (iii) **attenzione!**

(*c*) You run for the bus but your Italian friend lags behind:
  (i) **permesso!**   (ii) **aiuto!**   (iii) **presto!**

Pratica 5

Read the following passage.

Guidare in Italia

In Italia si guida sulla destra ed è obbligatorio avere uno specchio nella parte sinistra della macchina. La velocità massima in città e nei centri abitati è di 50 chilometri all'ora. Se si ha un guasto alla macchina si deve telefonare al numero 116, dire dove si è e dare il numero di targa della macchina.

I turisti britannici hanno diritto ad uno sconto sul prezzo della benzina e sul prezzo del pedaggio delle autostrade: prima di partire per l'Italia si possono comprare i buoni benzina da AA, RAC o agli uffici CIT o ACI (Italian Automobile Club). La **carta carburante** offre servizio gratuito agli automobilisti stranieri in caso di un guasto alla macchina.

guidare	to drive
specchio	mirror
numero di targa	registration number
avere diritto a	to have the right/be entitled to
buono	coupon
carta carburante	fuel card
automobilista	motorist, driver

Vero o falso?

	Vero	Falso
(*a*) In italia è obbligatorio avere uno specchio nella parte destra della macchina.	□	□
(*b*) Per la benzina gli automobilisti stranieri pagano di più degli automobilisti italiani.	□	□
(*c*) La velocità massima in città è di 50 chilometri all'ora.	□	□
(*d*) La carta carburante offre benzina gratuita agli tutti stranieri.	□	□

✔ Un piccolo test

Can you say?

1 Fill it up, please.
2 Can you check the oil?
3 Can you change the tyre?
4 Quick, call the fire brigade!
5 I'd like to rent a car.
6 20.000 lire of petrol.
7 30 litres of diesel.
8 I have a flat tyre.

20

CHE COSA SCRIVO?
What shall I write?

In this unit you will

- learn how to write a letter to book a room at a hotel
- make a telephone call to your hotel to confirm your booking
- practise writing a short note
- practise filling in a form

Revisione

- how to say who you are – Unit 2
- how to ask for something and ask the price – Unit 5
- how to say what has happened – Unit 10

ISOLA D'ELBA
PORTO AZZURRO (LI)
Panorama

16. 9. 91

Cari Paul e Anne,
   Come va? Siamo qui
per un congresso.
Le vacanze sono finite!
Quando venite in Italia?
Affettuosi saluti.
       Chiara e Roberto

Paul e Anne Dean
Firle Close
London WIR 8AY
INGHILTERRA

You may be able to get the gist of this passage without referring to the vocabulary at the end of the book. If you do, congratulations: you really are a proficient student!

Da capire La lingua ufficiale

L'Italia è un paese burocratico e la lingua ufficiale riflette questa caratteristica. Gli avvisi pubblici negli uffici, nelle stazioni ferroviarie, nelle scuole, nelle università e in molti altri luoghi pubblici, sono scritti in una lingua burocratico-amministrativa tipicamente italiana. È una lingua impersonale e distante che si rivolge ad un cittadino anonimo. Per esempio: **NON CALPESTARE L'ERBA** (*keep off the grass*), **VIETATO FUMARE** (*no smoking*).

rivolgersi a	to address someone
cittadino	citizen
calpestare	to trample
vietato	forbidden

Ha capito?

Vero o falso? **Vero Falso**

1 Gli avvisi pubblici sono scritti in due lingue. ☐ ☐
2 La lingua ufficiale italiana è una lingua fredda. ☐ ☐
3 I cittadini non possono fumare. ☐ ☐

Una lettera per prenotare una camera: *a letter to book a room*

scrivere, scritto	to write, written
leggere	to read
data	date
Direzione	director's office
vi prego di comunicarmi	please let me know
prezzo giornaliero	price per day
in attesa di una Vostra risposta	awaiting your reply
porgo/porgiamo	I express/we express
distinti saluti	yours faithfully/truly
alleghiamo	we enclose

Lẹttera per prenotare una camera   *Letter to book a room*

> 34 Castle Drive
> Brighton
> England
> BN1 ØAA
> 15 luglio 1992
>
> Spett. le Direzione Albergo Casmona.
>
> Desidero prenotare una camera matrimoniale con bagno e una camera a un letto con doccia per cinque notti dal 3 al 7 settembre.
>
> Vi prego di comunicarmi il prezzo giornaliero per persona, pensione completa, e anche se offrite riduzioni per bambini.
>
> In attesa di una Vostra risposta porgo distinti saluti.
>
> R.S. Bentley.

Spiegazioni

Written Italian, particularly business correspondence, can be quite formal and often expressions will not have an exact equivalent in English or, if they do, it may sound quite obsolete. This is the case with **Spettabile** (used when addressing a firm in a letter and always abbreviated to **Spettle**) which literally means *respectable*. When addressing a specific person in the firm you would use **Egregio Signore** *Dear Sir* or **Gentile Signora** *Dear Madam*.

When writing to a hotel or a firm you address them in the plural form: **Voi** (*you*) and you use **Vostro/Vostra**, written with the capital letter, for *your*.

La risposta

HOTEL RISTORANTE
CASMONA
DIREZIONE PEPPINO TREBIANI

16032 CAMOGLI – PASSEGGIATA A MARE – VIA
GARIBALDI, 103 – TELEF. 0185-770015 – 770016

Egregio signor Bentley,

Confermiamo la prenotazione per una camera matrimoniale con bagno e una camera singola con doccia dal 3/9/92 al 7/9/92.

Alleghiamo il dépliant con i nostri prezzi.

Ringraziando per la preferenza accordataci porgiamo distinti saluti.

dépliant	leaflet
ringraziando per la preferenza accordataci	thanking you for your custom

Pratica 1

Write a letter in Italian to the hotel whose address is given above. You wish to book a room with twin beds and bathroom for seven nights from 15 to 21 of April. Ask for the price per day per person, half board, and also if they give reductions for children. Remember to close the letter in the Italian way.

——————— Una telefonata: ———————
a telephone call

pronto	hallo
chi parla?	who is speaking?
ho sbagliato numero	I dialled the wrong number
dire	to say
purtroppo	unfortunately
esattamente	exactly
immaginare	to imagine
a dopodomani	see you the day after tomorrow
per avermi informato	for having informed me

Una telefonata: *a telephone call*

Dialogo

Mrs Bentley deve telefonare all'albergo e dire che lei ed il marito arrivano con un giorno di ritardo.

Impiegata	**Pronto. Albergo Casmona.**
Mrs Bentley	**Pronto. Buongiorno, sono la signora Bentley. Abbiamo una prenotazione nel vostro albergo per domani ma purtroppo domani non possiamo venire. Telefono per dire che arriviamo dopodomani.**
Impiegata	**Va bene signora Bentley. A che ora arrivano?**
Mrs Bentley	**Non so esattamente ma immagino verso le tre del pomeriggio.**
Impiegata	**Grazie per avermi informato, signora. A dopodomani.**
Mrs Bentley	**Grazie a Lei. A dopodomani.**

Pratica 2

You are Mr Bentley and decide to call the Casmona Hotel to confirm your arrival (**il mio arrivo**) for tomorrow.

You	*Hallo.*
Impiegata	**Pronto. Albergo Casmona. Chi parla?**
You	*You are Mr Bentley, you have a booking at their hotel for tomorrow.*
Impiegata	**Prego?**
You	*Say your name again and that you have two rooms booked for tomorrow.*
Impiegata	**Il signor Ben...?**
You	*Spell: B-e-n-t-l-e-y. Bentley!*
Impiegata	**Ahh, il signor Bentleeeey!**
You	*Yes, you (will) arrive tomorrow evening.*
Impiegata	**Benissimo, signor Bentley. Grazie e arrivederla.**
You	*Thank her and bid her good evening.*

Un modulo da compilare:
a form to fill in

imparare	to learn
iscriversi	to enrol
frequentare	to attend
corso di lingua italiana	course of Italian language
versamento sul conto bancario	deposit in the bank account
vaglia postale	postal order
rimborso	refund
regolamento	rule/regulations

Se desidera frequentare un corso di lingua italiana in Italia deve compilare un formulario d'iscrizione.

☑ *Pratica 3*

(*a*) See if you can fill in this form with your details and requirements.

(*b*) This **Regolamento** may appear rather daunting but if you study it carefully you may well be able to answer the following questions. First look at each question before 'scanning' for the answer.

(i) **È possibile frequentare il corso per una settimana?**

(ii) **È possibile pagare alla fine del corso?**

(iii) **Se lo studente arriva in ritardo può avere un rimborso?**

(iv) **È possibile frequentare il corso nei giorni di festa nazionale?**

FORMULARIO D'ISCRIZIONE

NOME E COGNOME
‎   M ☐   F ☐
DATA DI NASCITA   NAZIONALITÀ
INDIRIZZO DI CASA
‎   TELEFONO
PROFESSIONE
INDIRIZZO DI LAVORO
‎   TELEFONO

TIPO DI CORSO   CODICE
PER IL PERIODO DAL   AL

DESIDERO UN ALLOGGIO   SI ☐   NO ☐
CAMERA SINGOLA ☐   CAMERA DOPPIA ☐
FUMATORE ☐   NON FUMATORE ☐
ALLERGICO/A ☐

HO SAPUTO DI ITALIAIDEA DA
CONOSCO LA GRAMMATICA ITALIANA A LIVELLO:
ELEMENTARE ☐   INTERMEDIO ☐   AVANZATO ☐
PARLO ITALIANO A LIVELLO:
ELEMENTARE ☐   INTERMEDIO ☐   AVANZATO ☐

▪ ITALIAIDEA REGOLAMENTO
1) La durata minima dei corsi di gruppo è di 2 settimane.
2) Il pagamento deve essere effettuato interamente entro la prima settimana del corso.
3) In caso di ritardo, discontinuità o interruzione della frequenza alle lezioni non vengono effettuati né riduzioni né rimborsi.
4) Il rimborso degli anticipi per il pagamento del corso e/o alloggio viene effettuato soltanto se la disdetta della prenotazione perviene ad ITALIAIDEA entro 4 settimane dall'inizio del corso.
5) La scuola resterà chiusa nei giorni di festa nazionale, civile e religiosa.
6) La scuola si riserva il diritto di cancellare un corso di gruppo se non si raggiunge il numero minimo di partecipanti.

DATA

FIRMA

Un promemoria:
a memo/note

lasciare	to leave
ricordare	to remember, to remind
dimenticare	to forget

Manuela telefona alla sua amica Chiara ma lei non c'è. Roberto risponde e lascia una nota per Chiara.

> Manuela ha telefonato. Vuole
> sapere se ricordi il nome
> della signora Ruffo. Io adesso
> devo uscire. Torno alle sei
> e mezzo.
> P.S. Ho dimenticato di comprare
>   i fiori per la mamma.
>   Li puoi comprare tu?

Pratica 4

Imagine you are Chiara and you pop home for a moment during lunch-time. You see the note Roberto left. Write one for him saying that you will buy the flowers and you will be back at 7.00. (Seven words!). Remember you can use the present tense.

Un piccolo test

How would you say:

1 I must write a letter.
2 Hallo, who is speaking?
3 I dialled the wrong number.
4 I don't remember.
5 I forgot.
6 I wish to learn the language.
7 I want a refund.

Congratulations!
You have completed *Teach Yourself Beginner's Italian* and are now a competent speaker of basic Italian. You should be able to handle most everyday situations on a visit to Italy and to communicate with Italian people sufficiently to make friends. If you would like to extend your ability so that you can develop your confidence, fluency and scope in the language, whether for social or business purposes, why not take your Italian a step further with the full *Teach Yourself Italian* course?

Risposte

Unità 1

PRATICA

1 (a) buonasera signorina (b) buongiorno signora (c) buonanotte signore **2** buonanotte **3** no, grazie **4** scusi; prego; prego?; parli più lentamente; parla inglese? **5** (a) mi dispiace (b) buonasera (c) prego (d) bene grazie (e) per favore (f) E Lei?

UN PICCOLO TEST

1 scusi **2** buonasera **3** prego **4** prego? **5** mi dispiace **6** bene, grazie. E Lei? **7** parla inglese? **8** parli più lentamente (per favore)!

Unità 2

ATTIVITÀ

1 Come sta? **2** Non c'è male **3** Buonasera signora! **4** Parli più lentamente! **5** Mi dispiace! **6** Prego? **7** Buonanotte! **8** Parla italiano?

PRATICA

1 (a) questo (b) questa (c) questa (d) questo (e) questa (f) questa **2** Mi chiamo (*your name*) E Lei, come si chiama? **3** Sì, parlo inglese e italiano **4** (a) James non parla italiano (b) Non sono Francesca (c) Non parlo francese (d) Valentina non parla tedesco (e) Questo non è il signor Lupi (f) Non sta bene? **5** (a) la (b) la (c) la (d) il (e) il (f) il (g) la (h) il (i) la **6** (a) una (b) un (c) un (d) una (e) un (f) un (g) un (h) una (i) un **7** tedesco canadese portoghese inglese svizzera gallese austriaca irlandese scozzese americana spagnolo francese

UN PICCOLO TEST

Chi è?; Buongiorno signor Gucci, come sta?; Non c'è male, grazie. Si accomodi; Questo è mio marito/questa è mia moglie; Piacere; Piacere.

Unità 3

ATTIVITÀ

Chi è?; S'accomodi; Grazie; Questo è suo marito?; Sì, questo è Sergio; Piacere; Piacere, s'accomodino; Parla inglese-?; Sì, parlo inglese ma non troppo bene. Preferisco parlare italiano.

DIALOGHI

3 Francesca is married with a six year old daughter; **4** Sergio lives in Genoa at 15 Roma Street in the town centre near Garibaldi Square.

PRATICA

1 (a) la (b) la (c) il (d) il (e) il (f) il (g) non capisco **2** (a) in (b) a (c) in (d) a (e) in (f) a **3** (a) È italiano? (b) Di dov'è? (c) Io sono (*your name*) e Lei, come si chiama? **4** (a) cameriere (b) medico (c) segretaria (d) portiere (e) studente (f) infermiera

UN PICCOLO TEST

1 è sposato? **2** ha figli? **3** quanti figli ha? **4** che lavoro fa? **5** è italiano? **6** dove abita?

Unità 4

ATTIVITÀ

1 Mi chiamo ...; sono ...; abito a ...; in via ...; il mio numero di telefono è ...; ho ... anni; sono/non sono sposato/sposata; ho un figlio/una figlia; si chiama ...; ha ... anni *or* ho ... figli/figlie; si chiamano ... e ...; hanno ... e ... anni **2** non capisco

PRATICA

1 Questa birra è fresca!; Questa strada è lunga!; Questo biscotto è dolce. Questo caffè è molto caldo!; Questo gelato è molto freddo! **2** leggero; alto; anziano; lungo; pieno; piccolo; vecchio **3** il limone è giallo; la banana è gialla; la carne è rossa; l'erba è verde; i limoni sono gialli; le banane sono gialle **4** cinque più sei fa undici; venti più ventuno fa quarantuno; sette meno tre fa quattro; quindici fa cinque; sette per dieci fa settanta; sei per sette fa quarantadue; cinquecentocinquanta diviso due fa duecento settantacinque; mille diviso cinque fa duocento **5** (a), (b), (c), sì, c'è; (d), (e), (f) si, ci sono **6** (a), (b), (c), no, non c'è; (d), (e), (f) no, non ci sono **7** (a), (c), (d), (f), (g), no, non mi piace; (b), (e), (h) no, non mi piacciono; **8** (a) Sì, mi piace ma preferisco i biscotti (b) Sì, mi piacciono ma preferisco le mele (c) Sì, mi piace ma preferisco andare a teatro (d) Sì, mi piace ma preferisco il tè (e) Sì, mi piacciono ma preferisco le torte (f) Sì, mi piace ma preferisco la birra (g) Sì, mi piace ma preferisco il pesce (h) Sì, mi piacciono ma preferisco la frutta

UN PICCOLO TEST
1 che cos'è questa? **2** è buono? **3** qual è la sua auto(mobile)? **4** c'è l'acqua? **5** ci sono i limoni? **6** di che colore è il mare? **7** Le piace questo vino?

Unità 5

ATTIVITÀ
1 c'è un telefono qui? **2** dov'è il Caffè Biffi? **3** c'è una banca qui vicino? **4** una birra e un panino **5** c'è una toeletta qui?

PRATICA
1 (a) alimentari/drogheria (b) fruttivendolo (c) carue *meat* (d) pescheria **2** (a) c'è un supermercato qui vicino?; c'è una banca qui vicino? c'è una farmacia qui vicino?; c'è un ufficio turistico qui vicino?; c'è una libreria qui vicino? (b) devo andare in banca; vado in drogheria; devo andare dal fruttivendolo **3** (a) mezzo chilo di pomodori maturi; cinque banane (b) quanto costa un etto di prosciutto crudo? quanto costa un litro di latte?; quanto costa mezzo litro di vino? (c) quant'è in tutto? **4** Alimentari: un pacco di spaghetti, mezzo chilo di zucchero, acqua minerale, una scatola di tonno, una scatola di pomodori. Panetteria: due fette di torta di mele, un chilo di pane. Ufficio Postale: francobolli. Farmacia: aspirine **6** (a) F (b) F (c) V

UN PICCOLO TEST
1 Desidera altro? **2** Quanto costa? **3** Dove deve andare? **4** È caro? **5** Dove devo pagare?

Unità 6

PRATICA
1 (a) no (b) Sunday **2** (a) no (b) Thursday at 9pm **3** (a) Scusi, a che ora apre la farmacia? (b) A che ora comincia lo spettacolo? (c) A che ora aprono i negozi la mattina? **4** (a) Domani mattina (b) Dopodomani sera (c) Ieri mattina (d) Oggi pomeriggio (e) Domani sera **5** (a) quando (b) è troppo presto (c) quando (d) più tardi (e) chiusi

DIALOGHI
1 Too early **2** 3.30pm **3** Garibaldi Square; yes **4** No. No.

UN PICCOLO TEST
1 A che ora chiudono i negozi la sera? **2** C'è una farmacia aperta la domenica? **3** Quando chiudono i negozi di generi alimentari? **4** I bar aprono la domenica? **5** I supermercati chiudono il mercoledì pomeriggio?

Unità 7

ATTIVITÀ
1 È troppo presto, i negozi aprono alle tre e mezzo **2** A che ora chiudono i negozi il sabato pomeriggio? **3** Quando finisce lo spettacolo? **4** Quanto dura il film? **5** Parto fra una settimana

DIALOGHI
1 No, at 1315 (quarter past one); no **2** Como; no with her seven-year-old daughter

PRATICA
1 Domani mattina; andata e ritorno; no, prima; sì, ecco **2** (a) ferma in tutte le stazioni (b) va a Losanna (c) ferma a Parigi **3** (a) un biglietto di andata e ritorno per Roma (b) a che binario arriva il treno da Genova? (c) il biglietto è valido per tre giorni (d) a che ora parte il rapido per Firenze? (e) vorrei sapere l'orario festivo (f) va direttamente o devo cambiare? (g) il treno viaggia con alcuni minuti di ritardo **4** Il prossimo treno per Roma

parte alle dieci e (zero) due; Bisogna cambiare a Padova; La coincidenza è alle undici e arriva a Roma alle diciotto e trenta; No. è un rapido. Deve pagare il supplemento; Sì, bisogna prenotare il posto; Andata?; Tre giorni; Prima o seconda (classe)? **6** [R] **7** (a) intercity/fast train (b) Recco (c) not special – ordinary

UN PICCOLO TEST
1 Il treno delle 8.55 **2** Sì **3** Sì **4** Va direttamente **5** No

Unità 8

ATTIVITÀ
Il treno da Milano delle sette e cinquanta è in ritardo? Sì, viaggia con venti minuti di ritardo. A chi binario arriva? Arriva al binario sette.

DIALOGHI
2 the larger one

PRATICA
1 (a) io voglio andare a fare una passeggiata (b) io preferisco andare al cinema (c) io voglio andare al mare (d) io preferisco stare in città (e) io voglio andare a casa **2** (b) Bruno preferisce andare al cinema (c) Giovanni vuole andare al mare (d) Franco preferisce stare in città (e) Barbara vuole andare a casa! **3** voglio/posso/preferisco/devo: vedere Maria; guardare la televisione; andare domani/a casa/a Roma; uscire domani; stare a casa/a Roma **4** (b) ne ho una; (c) ne prendo otto; (d) ne ho un etto (e) ne ho ventotto (f) ne voglio due **5** (a) migliore (b) peggio (c) peggiore (d) di più (e) di meno **6** caro; più caro; meno cari

UN PICCOLO TEST
1 Qual è il migliore? **2** Quale mi consiglia? **3** Non voglio un vino dolce **4** Voglio spendere meno **5** Preferisco questo **6** Ne voglio tre litri

Unità 9

ATTIVITÀ
1 no **2** preferiscono uscire il più

possibile **3** in centro **4** parlano dei loro problemi; di sport, di poltica e di argomenti di attualità **5** l'aperitivvvooo **6** in montagna o al mare.

PRATICA
1 A che ora ti svegli la mattina? E a che ora ti alzi? A che ora esci? Esci da sola? Fate colazione insieme? **2** Chi prepara la colazione? Valentina fa colazione con voi? Valentina esce con voi: non è troppo presto per lei? **3** (a) F (b) V (c) F (d) V (e) F (f) F (g) F **4** (a) sveglia (b) alza (c) barba (d) veste (e) colazione (f) escono **5** (a) sempre (b) mai (c) spesso (d) qualche; altre (e) nessuno? (f) nessuno (g) niente (h) qualcuno **6** (a) c'è nessuno? (b) non conosco nessuno (c) va spesso per funghi? (d) va mai in città?

UN PICCOLO TEST
Si veste sempre male e non si pettina mai. Parla sempre e non ascolta mai. Guarda sempre la televisione e non lavora mai. Si diverte sempre e non studia mai. Sa sempre tutto e non ubbidisce mai.

Unità 10

ATTIVITÀ
1 Ci sono circa 57 milioni di abitanti **2** Ci sono venti regioni **3** Nel 1861 **4** Sì **5** No **6** Perché sono state le capitali della loro regione

PRATICA
1 (a) mi sono alzato(-a) presto (b) ho fatto colazione alle sette e mezzo (o e trenta) (c) ho letto un giornale italiano (d) ho chiamato un tassì (e) sono andato(-a) al museo (f) sono uscito(-a) dal museo (g) sono andato(-a) in banca (h) sono ritornato(-a) all'albergo **2** svegliati; sono alzato; sono andato; ho portato; sono lavato; sono vestito; sono alzata; sono lavata; sono vestita; ho svegliato **3** No, siamo inglesi; Siamo arrivati questa mattina; No, questa è la prima volta; Di dov'è Lei?; Siamo stati a Firenze per una settimana; Sì, là fa troppo caldo così abbiamo deciso di venire qui **4** (a) specialmente (b) lentamente (c) normalmente (d) possibilmente (e) direttamente (f) terribilmente (g) chiaramente

1 In appartamenti 2 No 3 Gli edifici
(*or*: Quelli) vecchi 4 No 5 Ha aumentato la tassa sulla seconda casa 6 No

Unità 11

DA CAPIRE
1 carne; verdura; vino 2 sì 3 l'abbigliamento

CEREALI INTEGRALI
1 in the external part 2 pesticides and
chemicals 3 wholemeal cereals grown
without pesticides

PRATICA
1 Che ripieno è? Ne prendo due porzioni;
Poi vorrei una porzione di pollo arrosto e
una porzione di insalata di pesce. L'insalata
di pesce è fresca?; La può incartare bene?
Quant'è?; Ecco diecimila lire 2 Vorrei:
(a) tre etti di prosciutto non troppo grasso
(b) sei lattine di birra (c) un pezzo di
formaggio non troppo piccante (d) mezza
dozzina di uova di giornata (e) una lattina di
caffè macinato (f) un pacchetto di piselli
surgelati (g) una scatoletta di pomodori (h)
due etti di burro 3 (a) patate; cipolle;
fagioli; fagiolini; zucchini; carote; porri;
zucca (b) un grappolo d'uva nera (c) i
fagiolini sono nostrani? (d) vorrei mezza
zucca (e) è tutto per oggi (f) mezzo chilo di
panini integrali (g) questo pesce non è
fresco; non lo voglio 4 (a) F (b) F (c)
V 5 paio di scarpe; in vetrina; 37; costano; sconto; camicetta; quarantasei; pro-
vare; prendo

UN PICCOLO TEST
(a) scatoletta (b) lattina (c) piccante (d)
scatoletta (e) bottiglia (f) dozzina (g) gresco
(h) pacchetto (i) sacchetto

Unità 12

HA CAPITO?
1 All'ufficio cambi 2 Dalle due alle tre 3
No 4 Nelle stazioni delle grandi città e
negli aeroporti 5 Sì

PRATICA
1 Voglio fare una telefonata; non ho il

numero; Roma; qual è il numero di
codice?; la linea è occupata (*or*: è occupato); chiamo più tardi 2 telefonata;
numero; elenco telefonico; interurbana;
prefisso; numero; occupato 3 (a) mi dispiace ma tocca a me (b) desidero spedire
una lettera espresso in Scozia (c) ha una
busta? (d) un francobollo per una cartolina,
costa quanto un francobollo per una lettera? (e) quanto costa un francobollo per
una cartolina per gli Stati Uniti? 4 Vorrei
cambiare duecento dollari USA in lire; Sì,
ecco(lo); Vorrei anche cambiare un assegno turistico; Sì, quant'è il cambio oggi?;
Vorrei banconote di grosso taglio e tremila
lire in moneta; Grazie, buongiorno 5 (a)
(ii) and (vi); (b) (i) and (iv); (c) (iii) and
(v) 6 (a) gialla (b) no (c) una telefonata a
carico del destinatario (d) Azienda di Sog-
giorno/Pro loco 7 (a) expiry date (b)
about 50% (c) yes

UN PICCOLO TEST
(a) dodici francobolli per la Gran Bretagna
(b) qual è il numero di codice per Roma? (c)
il mittente è necessario? (d) avete/ha un
elenco (una guida) telefonico (-a)? (e)
quant'è il cambio oggi?

Unità 13

HA CAPITO?
1 No 2 In tabaccheria, in edicola e nei
bar 3 Moneta

UN BIGLIETTO
It is a straight through coach.

PRATICA
1 fermata; all'altro lato; sinistra;
lontano 2 Scusi, dov'è il mercato? Dov'è
piazza Matteotti? È lontano? C'è una libreria in piazza Matteotti? No. Posso
andare a piedi? Dov'è la fermata dell'autobus? Molte grazie, arrivederla 3 avanti
dritto; seconda a sinistra; altro lato della;
giardini 4 two; no; no; no 5 Deve
attraversare il ponte, poi prende la prima a
sinistra e va avanti dritto. Alla fine della
strada vede piazza San Marco 6 (a)
vaporetti (b) motoscafi (c) luglio (d) la fine
dell'epidemia nel 1575

UN PICCOLO TEST
(a) mi sono perso(-a) (b) di fronte al duomo (c) deve tornare indietro (d) prima del porto (e) dopo il semaforo (f) dietro la stazione (g) di fronte alla panetteria (h) sotto la torre dell'orologio (i) vicino ai giardini (j) posso andare a piedi?

Unità 14

HA CAPITO?
1 gli alberghi 2 no 3 no 4 no 5 tre

PRATICA
1 (a) posizione panoramica (b) parco? (c) ascensore? (d) autorimessa? (e) piscina? (g) posizione tranquilla? (g) aria condizionata? (h) il telefono? (i) televisore? (j) riscaldamento centrale? 2 Cerco un albergo in una posizione tranquilla. Qual è il migliore? Il Piccolo Parco va bene; può telefonare per vedere se ci sono camere libere, per favore? Voglio una camera singola con doccia 3 (a) Per quante notti? (b) Quanto costa la camera? (c) Va bene la patente? 4 (a) il conto (b) hanno fatto (c) un errore/uno sbaglio 5 (a) la serratura non funziona (b) la presa di corrente non funziona (c) vorrei un'altra coperta (d) vorrei un'altra gruccia (e) non c'è acqua calda (f) il radiatore non funziona (g) la luce non funziona/non c'è luce (h) vorrei un altro cuscino 6 (a) San Giorgio (b) 20% (c) No 8 (a) domani mattina desidero la sveglia alle sei (b) Dove posso parcheggiare? (c) può far portare i bagagli in camera?

UN PICCOLO TEST
1 Questa è la camera duecentonove. 2 Non c'è acqua calda in bagno. 3 La doccia non funziona. 4 Ha una lista degli alberghi di questa città? 5 Ha un posto per una roulotte? 6 Dov'è l'acqua potabile?

Unità 15

HA CAPITO?
1 Panini imbottiti 2 Un 'tost' 3 In autostrada 4 In trattoria

PRATICA
1 Un tavolo per due; possiamo sedere fuori?; un analcolico e un succo di pomodoro senza ghiaccio 2 (a) con il secondo piatto (b) carni varie e verdure miste (c) no 3 Che cos'è manzo brasato con lenticchie? Che cosa vuol dire/significa marsala? La cotoletta alla milanese è carne fritta? Come si dice *chop* in italiano? 4 Sì, grazie, io salto l'antipasto; prendo zuppa di verdura e agnello arrosto; come contorno prendo carciofi fritti e patate arrosto; il signore prende verdure ripiene e pollo alla cacciatora con insalata; da bere mezza caraffa di vino rosso della casa a mezza bottiglia di acqua minerale 5 Sì, grazie; io vorrei la torta della casa e per il signore del formaggio; un digestivo, un caffè e il conto per favore

UN PICCOLO TEST
1 c'è troppo sale nella zuppa 2 vorrei del pane per favore 3 il pollo è freddo 4 la bistecca non è ben cotta 5 non c'è pepe sul tavolo

Unità 16

HA CAPITO?
1 V 2 F 3 F 4 F 5 V

PRATICA
1 (a) sì, ci sono fiori nel mio giardino (b) io curo il giardino (c) ci sono alcuni alberi (d) sì, ho un orto (e) preferisco curare l'orto (f) preferisco i fiori di campo (g) la mia casa è antica (h) nella mia casa ci sono tre camere (i) ci sono due bagni (j) non c'è uno studio (k) ci sono due salotti 3 (a) ho un fratello e una sorella (b) mio fratello ha 44 anni (c) mia sorella ha 38 anni (d) mio fratello è biologo, mia sorella è avvocatessa (e) ho un cane e un gatto (f) vado in ferie il 15 luglio per 3 settimane (g) sono simpatici 5 (a) preoccupato! (b) felice! (c) triste! (d) fame! (e) freddo! (f) sete! 6 (a) F (b) V

UN PICCOLO TEST
1 Ho caldo 2 È simpatica 3 È antipatica 4 È stanco 5 Ha ragione 6 Ha torto 7 Ho voglia di un gelato 8 Ho bisogno di una vacanza

Unità 17

PRATICA
1 (a) una scottatura (b) irritata (c) mal di testa; nausea; bruciore alla pelle (d) tre (e) impacco freddo; pomata emolliente   2 1,4,7,6,5,2,3,8   3 (a) il calcio (b) tennis, nuoto, sci (c) acquatico (d) no   4 Here are some possible answers: il nuoto è uno sport energetico; la box è uno sport brutale; la maratona è uno sport monotono; il ciclismo è uno sport facile; lo sci è uno sport pericoloso; il golf è uno sport rilassante; l'alpinismo è uno sport esilirante   5 (a) the day after tomorrow (b) 8.30 (c) no (d) no   6 (a) V (b) V (c) F

UN PICCOLO TEST
1 Due posti per la commedia   2 A che ora comincia l'opera?   3 Lei pratica uno sport?   4 L'ingresso è libero?   5 Ha due posti in platea?   6 Chi vince?   7 Gioco a tennis   8 Non mi sento bene   9 Ho una leggera scottatura   10 È una puntura d'insetto

Unità 18

DA CAPIRE
1 No   2 Sulle Alpi e sugli Appennini   3 No

PRATICA
1 (a) sereno (b) agitato/mosso (c) vento (d) temporale (e) nebbia (f) nevica   2 (a) oggi fa molto freddo (b) il cielo è sereno (c) fa bel tempo (d) non piove/c'è il sole (e) il tempo è umido (f) la temperatura è alta   3 No   4 (a) (ii); (b) (i); (c) (iv); (d) (iii); (e) (v)   5 (a) durante la prima metà d'agosto (b) sì (c) dopo il Ferragosto

UN PICCOLO TEST
(a) V (b) F (c) F (d) V (e) V (f) F

Unità 19

DA CAPIRE
1 All'uscita   2 Paga di più   3 No

PRATICA
1 Il pieno per favore. Super. No grazie, l'acqua va bene; può controllare l'olio? Può pulire il parabrezza? Prego? No, non li ho; quant'è?   2 Vorrei noleggiare un'automobile. Voglio un'automobile piccola. Sì una Panda va bene; ha il chilometraggio illimitato? Quanto costa al giorno? La benzina è inclusa?   3 (a)(i) no (ii) no (iii) no (iv) 1 hour (b)(i) It will be towed away (ii) No, they can park in the designated spaces (c)(i) Crossing the railway line (ii) a subway   4 (a) aiuto! (b) attenzione! (c) presto!   5 (a) F (b) F (c) V (d) F

UN PICCOLO TEST
1 il pieno, per favore   2 può controllare l'olio?   3 può cambiare la gomma?   4 presto, chiami i pompieri!   5 vorrei noleggiare un'automobile   6 ventimila lire di benzina   7 trenta litri di gasolio   8 ho una gomma a terra

Unità 20

HA CAPITO?
1 F   2 V   3 F

PRATICA
1 Desidero prenotare una camera a due letti con bagno, per sette notti, dal 15 al 21 aprile. Vi prego di comunicarmi il prezzo giornaliero per persona, mezza pensione, e anche se offrite riduzioni per bambini. In attesa di una vostra risposta, porgo distinti saluti.   2 Pronto. Sono il signor Bentley; ho una prenotazione nel vostro albergo per domani. Sono il signor Bentley; ho prenotato due camere per domani. Bi-e-enne-ti-elle-e-i greco. Sì, arrivo domani sera. Grazie a Lei, buonasera.   3 (b)(i) no (ii) no (iii) no (iv) no   4 Compro i fiori e ritorno alle sette

UN PICCOLO TEST
1 Devo scrivere una lettera   2 Pronto, chi parla?   3 Ho sbagliato numero   4 Non ricordo   5 Ho dimenticato   6 Desidero imparare la lingua   7 Voglio un rimborso

—— VOCABULARY ——

1   The English translations given apply only to the meaning of the word as used in the book.

2   Words ending in **-o** are to be considered masculine and those ending in **-a** feminine, in all other cases the gender will be indicated (e.g. **mare (m)**, **automobile (f)**, etc.). Words with two different endings (e.g. **studente, -essa, alto, -a**) are nouns or adjectives with separate masculine and feminine forms.

3   Words ending in **-e** (e.g. **felice, dirigente**) with no indication of gender are adjectives or nouns suitable to both the masculine and feminine forms.

4   Verbs are given in their infinitive form (ending in **-are, ere** and **-ire**.

Italian–*English*

abbastanza   *enough, rather*
abbigliamento   *clothing, clothes*
abito   *dress, suit*
accettare   *to accept*
accomodarsi   *to make oneself comfortable, to come in, to take a seat*
accordo   *agreement*, d'accordo *okay*
accorgersi   *to realise*
acqua   *water*
addormentarsi   *to fall asleep*
adesso   *now*
affittare   *to let, to rent*
afoso, -a   *sultry*
agitato   *(sea) rough*
aiutare   *to help*
aiuto!   *help!*
alba   *dawn*
albergo   *hotel*
albero   *tree*

alcuni, -e   *some, a few*
alimentare: generi alimentari   *foodstuffs*
allegare   *to enclose*
allora   *then*
alto, -a   *high*
altro, -a   *other*
alzarsi   *to get up, to rise*
amaro   *bitter*
ambulatorio   *surgery*
amico, -a   *friend*
ammettere   *to admit*
anche   *also, too*
ancora   *yet, once more, again*
andare   *to go*
animale (m)   *animal*
antico -a   *old, antique*
anticipo   *early (timetable)*
antipatico, -a   *unpleasant*
anziano, -a   *elderly*
appassionato, -a   *enthusiast, fan*

applicare   *to apply*
appunto   *note, memorandum*
aprire   *to open*
arancione   *orange colour*
arbitro   *referee*
argomento   *topic, subject matter*
aria   *air*
arredamento   *furnishing*
arrivare   *to arrive*
arrivo   *arrival*
ascensore   *lift, elevator*
asciugamano   *towel*
asciutto, -a   *dry*
ascoltare   *to listen (to)*
aspettare   *to wait (for)*
assegno   *cheque*
assortimento   *selection, choice*
attendere   *to wait (for)*
attraversare   *to cross*
attualità   *current affairs, topical subject*
aumentare   *to increase*
autonoleggio   *car hire, car rental*
autorimessa   *garage*
autostrada   *motorway*
avanti   *further on, forward*
avere   *to have*
avversario   *opposing*
avvicinarsi   *to approach, to come nearer*
avviso   *notice, announcement*
avvocato, -essa   *lawyer, attorney*
azzurro, -a   *blue*

bagaglio, bagagli   *luggage*
bagnino, -a   *beach attendant*
bagno   *bathroom*, fare il bagno   *to swim, to have a bath*
bambino, -a   *child*
bandiera   *flag*
basso, -a   *low*
bello, -a   *beautiful, handsome*
bene   *well*, benissimo   *very well*
benzina   *petrol, gasoline*

bere   *to drink*
bianco, -a   *white*
bibita   *drink*
bigliettaio, -a   *ticket collector*
biglietto   *ticket, banknote*
binario   *platform*
bisognare   *to be necessary*
bisogno   *need*
blu   *navy blue*
bombola   *gas bottle, cylinder*
borsa   *bag*
bottiglia   *bottle*
bravo, -a   *good (at something)*
brezza   *breeze*
bruciore   *burning sensation*
brutto, -a   *ugly, bad (weather)*
buffo, -a   *funny*
buono, -a   *good*; buono benzina   *petrol coupon*
busta   *envelope*

cabina   *booth, kiosk*
calcio   *football*
caldo, -a   *hot*
cambiare   *to change*
cambio   *exchange bureau*
camera   *room, bedroom*
cameriere, -a   *waiter, waitress*
camerino   *fitting room*
camicia, camicetta   *shirt/blouse*
caminetto   *fire place*
campagna   *countryside*
campanello   *door bell*
campeggio   *campsite*
cane (m)   *dog*
capuccino   *white coffee made with espresso machine*
carbonella   *charcoal*
carne (f)   *meat*
caro -a   *dear, expensive*
cartello   *signpost, notice*
cartolina   *post card*
casa   *home, house*

casalingo -a *home-made, housewife*
caso *case, event*
cassa *cash desk, cashier's desk*
cassetta *letter box; mailbox*
cassiere, -a *cashier*
categoria *class (of hotel), category*
cattivo, -a *bad*
cena *dinner, supper*
cenare *to have supper, to dine*
centralino *telephone exchange, operator*
cercare *to look for*
certamente/certo *certainly, surely*
che *which, that, who, whom*
chi? *who?*
chiamare *to call*, chiamarsi *to be called*
chiaro *clear*
chiave *key*
chiędere *to ask*
chiesa *church*
chilo *kilo*
chiųdere *to close, to shut*
chiuso, -a *closed, shut*
cibo, cibi *food*
cielo *sky*
cintura *belt*
circa *about*
città *town, city*
classe (f) *class*
coda *queue, tail*
cọdice (m) *code*
cognome (m) *surname*
coincidenza *connection*
colazione (f) *breakfast, lunch*, prima colazione *breakfast*
collegare *to link, to join*
colore (m) *colour*
come *as, like, how*
cominciare *to start, to begin*
commedia *play*

commesso, -a *shop assistant*
cọmodo, -a *comfortable, convenient*
compilare *to fill in (a form)*
cọmpito *homework*
compleanno *birthday*
completo, -a *complete, included*
comprare *to buy*
compreso -a *included*
comunicare *to communicate*
con *with*
confermare *to confirm*
conọscere *to know, to be acquainted with*
consegnare *to deliver*
consigliare *to advise*
contante *ready money, cash*
conto *bill, check; account*
contrario, -a *contrary, opposite*
contro *against*
controllare *to check*
coperta *blanket*
coperto *overcast*
coppia *couple, pair*
corrente (f) *current*
corso *course; avenue, main street*
corto, -a *short*
cosa *thing*
così *so, thus*
costare *to cost*
costume da bagno *bathing suit*
cucina *cuisine, kitchen*
cucinare *to cook*
curare *to cure; to take care of*

dappertutto *everywhere*
dare *to give*, dato *given*
dattilọgrafo, -a *typist*
denaro *money*
dente (m) *tooth*
descrịvere *to describe*
desiderare *to wish*

destra *right* a destra *on the right*

dettaglio *detail*

di fronte *opposite*

dietro *behind*

dimenticare *to forget*

dire *to say , tell;*detto *said, told*

direttamente *directly*

direzione (f) *management*

dirigente *manager*

diritto *(law) right*

discrezione (f) *discretion*

dispiacersi *to be sorry*

distributore (m) *vending machine*, distributore di benzina *petrol/gasoline pump*

disturbo *indisposition*

divertimento *amusement*

divertirsi *to amuse oneself*

dividere: diviso *divided by*

divieto *prohibition*

divorziato, -a *divorced* divorzio *divorce*

doccia *shower*

documento *document*

domanda *question, request, application*

domandare *to ask*

domani *tomorrow*

domestico, -a *domestic, household*

donna *woman*

dopo *after;* dopodomani *the day after tomorrow*

doppio *double*

dormire *to sleep*

dottore, dottoressa (f) *doctor*

dove *where*

dovere *must, to have to; duty*

dozzina *dozen*

dritto *straight*

dunque *well, so, therefore*

duomo *cathedral*

durare *to last*

durante *during*

eccetto *except*

ecco *here it is, here they are*

edicola *newspaper kiosk*

edificio *building*

elenco *list* elenco telefonico *telephone directory*

entrare *to enter, to come/go in*

entroterra *inland*

esattamente *exactly*

esaurito -a *sold out*

espresso *express*

essere *to be*

est *east*

estero *foreign*

esteso, -a *extended*

età *age*

etto *100 grams*

evitare *to avoid*

fabbrica *factory*

facchino *porter*

facile *easy*

facoltà *faculty*

fame (f) *hunger*

fare *to do, to make,* fatto *made, done*

felice *happy*

feriale: giorno feriale *working day*

fermare, fermarsi *to stop,* fermata *stop*

festa *public holiday; party*

festivo *festive, holiday*

fetta *slice*

fila *row*

fine (f) *end*

finestra *window*

finire *to finish, to end*

fiore (m) *flower*

firmare *to sign*

formulario *form*

forno *oven*

fra *between, among*

francobollo   *stamp*
freddo, -a   *cold*
frequentare   *to attend, to frequent*
fresco, -a   *cool, fresh*
fretta   *hurry*
frigo   *fridge*
fumare   *to smoke*
funzionare   *to work, to function*
fuori   *outside*

gabinetto   *toilet*
galleria   *tunnel, (theatre) circle*
gara   *race*
gasolio   *diesel*
gatto   *cat*
generale   *general*
genere (m)   *kind, type*
gentile   *kind, polite*
gestire   *to run, to manage*
gettone (m)   *token, counter*
ghiaccio   *ice*
giallo   *yellow*
giardino   *garden*
giocare   *to play*
giornale   *newspaper*
giornaliero, -a   *daily*
giornata, giorno   *day*
giovane   *young*
gioventù   *youth*
girare   *to turn*
goccia   *drop*
godere   *to enjoy*
gola   *throat*
gomma   *tyre, rubber*
gonna   *skirt*
grande   *large, big,* grande magazinno   *department store*
grandinare   *to hail,* grandine   *hailstone*
gratuito, -a   *free of charge*
grazie   *thank you*
grigio   *grey*
griglia   *grill,* alla griglia   *grilled*

guardare   *to look at*
guasto -a   *out of order, broken down*
guidare   *to drive*
gusto   *taste*

ieri   *yesterday*
illimitato -a   *unlimited*
immaginare   *to imagine*
impacco   *compress*
imparare   *to learn*
incartare   *to wrap*
incidente (m)   *accident*
incluso, -a   *included*
incontrare   *to meet*
incoraggiare   *to encourage*
indicare   *to show, to point out*
indietro: tornare indietro   *to go back*
indirizzo   *address*
indisposizione (f)   *slight ailment*
infermiere, -a   *nurse*
informare   *to inform*
ingorgo   *(traffic) jam*
ingresso   *entrance*
iniezione (f)   *injection*
iniziare   *to start, to begin*
insegnante   *teacher*
insetto   *insect*
insieme   *together*
interessante   *interesting*
intero, -a   *whole*
interrotto, -a   *interrupted*
inviare   *to send*
irritato, -a   *irritated*
iscriversi   *to enrol*

laggiù   *over there, down there*
lampeggiare   *to lighten*
lampo   *lightning*
lana   *wool*
largo   *wide*
lasciare   *to leave, to let (allow)*
lato   *side*

lattina   *tin, can*
lavare   *to wash*, lavarsi   *to wash oneself*
lavorare   *to work*
lavoro   *work*
legge (f)   *law*
leggere   *to read*
leggero -a   *light, mild, weak*
lentamente   *slowly*
lento -a   *slow*
letto   *bed*
libero   *vacant, free*
libro   *book*
lingua   *language, tongue*
località   *place, (holiday) resort*
locanda   *inn*
loggione (m)   *gallery (theatre)*
lontano   *far, remote*
lunghezza   *length*
lungo, -a   *long*
lungomare (m)   *sea-front, promenade*
luogo   *place*, ha luogo   *takes place*
lusso   *luxury*

ma   *but*
magazzino   *store* grande magazzino   *department store*
maggioranza   *majority*
maglia   *jersey, sweater*
maglietta   *t-shirt, jumper*
mai   *never, ever*
malattia   *illness*
male (m)   *badly; illness, ache*, sentirsi male   *to feel ill*
mancia   *tip*
mandare   *to send*
mangiare   *to eat*
mantenersi   *to keep (oneself)*
marrone   *brown*
massimo: al massimo   *at the most*
matrimoniale   *(of bed) double bed*
mattina, mattino   *morning*

maturo, -a   *ripe*
medio, -a   *medium*
medico   *physician*
meglio   *better*
meno   *less, minus*
mentre   *while*
merenda   *snack, afternoon tea*
meridionale   *southern*
metà   *half, middle*
mettere   *to put*
mezzanotte   *midnight*
mezzo   *half, middle*
mezzogiorno   *midday*
migliorare   *to improve*
il mio, la mia, i miei, le mie   *my, mine*
misto, -a   *mixture*
mite   *mild (climate)*
mittente (m)   *sender's address*
modello   *style, type*
moderato, -a   *moderate*
modico, -a   *reasonable, moderate*
modulo   *form*
molto, -a   *much, many, very, a lot*
moneta   *coin, money*
mosso, -a   *(sea) rough*
mostrare   *to show*
mucca   *cow*

nebbia   *fog*
necessario, -a   *necessary*
negozio   *shop*
nero   *black*
nessuno   *nobody*
neve   *snow*, nevicare   *to snow*
niente   *nothing*
noia   *nuisance*
noleggiare   *to hire*
nome (m)   *name, first name*
nord   *north*
il nostro, la nostra, i nostri, le nostre   *our, ours*
nostrano   *home grown, locally produced*

nota *note*
notizia *piece of news*
nuotare *to swim*,
  nuoto *swimming*
nuovo, -a *new*
nuvola *cloud*, nuvoloso *cloudy*

occhio *eye*
occhiali *glasses*
occupato *engaged, busy*
oggi *today*
ogni *every, each*
olio *oil*
ombrello *umbrella*,
  ombrellone *beach umbrella*
onesto, -a *honest*
opera *work, opera*
oppure *or*
ora *hour, now*
orario *timetable*
ordinare *to order*
orologio *clock, watch*
ospedale (m) *hospital*
ovest *west*

pacchetto *packet*
pacco *parcel*
paese (m) *country, village*
pagare *to pay*,
  pagamento *payment*
paio (pl. paia) *pair*
palestra *gymnasium*
pantaloni *trousers*
parabrezza *windscreen*
parcheggiare *to park*
parcheggio *car park*
parco *park*
pareggiare *to draw*
parlare *to speak, to talk*
partenza *departure*
partire *to leave, to depart*
partita *match*
passare *to pass, to spend (time)*
passeggiata *walk, stroll*

passo *pace, stride*
pasto *meal*
patente (f) *driving licence*
peccato *pity*
peggio, peggiore *worse*
pelle (f) *skin, leather*
pensare *to think*
pensione (f) *boarding-house*
per *for*
perché *because, why*
percorso *route, way, course*
perdere *to lose, to miss (eg. a*
  bus)
pericoloso *dangerous*
periodo *period*
permettere *to allow, to permit,*
  to let permesso: *let me*
  through; allowed
però *but, however, nevertheless*
pesante *heavy*
pettinarsi *to comb one's hair*
pezzo *piece*
piacere *to please*, mi piace *I*
  like
piano *floor, storey*
piatto *dish*
piazza *square*
piccolo, -a *small*
piede (m) *foot*
pieno, -a *full* fare il pieno *to fill*
  up (the tank)
pioggia *rain*
piombo *lead*
piove *it's raining*
piscina *swimming pool*
più *plus, more, ...er*
piuttosto *rather, fairly*
platea *stalls*
poco, -a *little, few* un poco/un
  po' *a little*
poi *then*
poltrona *stall (theatre)*
pomata *ointment*
pompiere (m) *fireman*

ponte (m) *bridge*
porta *door*
portare *to carry*
portineria *reception (hotel)*
porto *harbour, port*
possedere *to own*
posta *mail, post office*
posteggiare *to park*
posto *place, seat*
potabile *drinkable*
potere *can, to be able to*
pranzare *to lunch*, pranzo *lunch*
pratica *practise*
precedere *to go/come before*,
  precede
preferire *to prefer*
prefisso *code number*
prego *don't mention it*,
  prego? *pardon?*
prelevare *to withdraw*
prendere *to take, catch*
prenotare *to book*
prenotazione (f) *booking*
preoccupato *worried*
preparazione (f) *preparation*
preparare *to prepare*
prescrivere *to prescribe*,
  prescritto *prescribed*
presto *early*, presto! *hurry!*
prezzo *price*
primo, -a *first*
principale *main*
promemoria (m) *memorandum/*
  memoranda
proprio, -a *own*
prossimo, -a *next*
pulire *to clean*
puntura *sting, bite*
purtroppo *unfortunately*

qualche *some, a few, any*
qualcosa *something*
qualcuno *someone*
quale *which*

quando *when*
quanto *how much*
quello, -a *that*
questo, -a *this*
quindi *therefore*

radersi *to shave*
radiatore (m) *radiator*
ragazzo *boy*, ragazza *girl*
ragione (f) *reason*, aver
  ragione *to be right*
rappresentazione (f) *show,*
  performance
regalo *present*
regolamento *rule, regulations*
restare *to stay, to remain*
resto *change*
riaprire *to reopen, to open again*
richiamare *to call again*
richiedere *to require*
ricordare *to remember*
ridere *to laugh*
ridotto, -a *reduced*
riduzione (f) *reduction*
rifare *to do/make again*
riflettere *to reflect*
rifugio *refuge*
rigido, -a *severe*
rimborso *refund*
rimedio *remedy, cure*
ripieno *filling*
riscaldamento *heating*
rispondere *to answer*
risposta *answer*
ritardo *delay*
ritirare *to withdraw*
ritornare *to return*,
  ritorno *return*
riva *shore*
rivista *magazine*
rosa *pink*
rosso *red*

sabbia *sand*

sacchetto (di plastica) *carrier bag*

sala *room*, sala da
  pranzo *dining room*

salire *to go/come up*,
  sull'autobus *to get on the bus*

salotto *sitting room*

saltare *to skip*

salutare *to greet*,
  saluto *greeting*

salute (f) *health*

sangue (m) *blood*

sapere *to know*

sbagliarsi *to be mistaken*,
  sbaglio *mistake*

scalo *quay, wharf*

scarpa *shoe*

scatoletta *tin, can*

scendere *to go/come down*,
  scendere dal treno *to get out
  of the train*

scherzare *to joke*

sciare *to ski*

scomparire *to disappear*

scontento, -a *dissatisfied,
  displeased*

sconto *discount*

scontrino *receipt*

scrivere *to write*

scuola *school*

scuro, -a *dark*

scusarsi *to excuse oneself*,
  scusi *excuse me*

secco *dry*

sedere, sedersi *to sit*

seguire *to follow*

sempre *always*

sentire *to hear, to feel*

senza *without*

sereno, -a *cloudless, clear*

servire *to serve*

sete (f) *thirst*

settentrionale *northern*

sicuro, -a *safe, sure, certain*

significare *to mean, to signify*

simpatico, -a *nice, pleasant*

singolo, -a *single*

sinistra *left*

soccorso *aid, assistance* pronto
  soccorso *first aid, casualties*

soldi (pl) *money*

sole (m) *sun*

solito, -a *usual*, di solito *usually*

solo, -a *alone, lonely, only*,
  da solo -a *by oneself*

soltanto *only*

sostanzioso, -a *substantial*

sotto *under*

specchio *mirror*

specializzato, -a *specialised*

spedire *to send*

spesso *often*

spettacolo *show, performance*

spiaggia *beach*

spiegare *to explain*

spolverare *to dust*

sporco, -a *dirty*

sportello *(office) counter,
  (station) ticket window*

sposato, -a *married*

spuntino *snack*

squadra *team*

stanco, -a *tired*

stare *to stay*, stato, -a *been*

stasera *this evening, tonight*

stesso, -a *same*

stirare *to iron*

stomaco *stomach*

strada *street, road*

straniero, -a *foreign, foreigner*

stretto, -a *tight, narrow*

studiare *to study*

subito *at once*

surgelato, -a *frozen*

svegliarsi *to wake up*

sveglio, -a *awake*

svendita *sale*

svestirsi *to undress*

taglia   (clothes) size
tardi   late
tascabile   pocket-size
tavolo   table
teatro   theatre
telefonare   to telephone
telefonata   (telephone) call
telefonista   operator, telephonist
teleselezione (f)   STD, direct
   dialling system
televisore (m)   television set
temporale (m)   storm
tenda   tent
termine   term
terra: una gomma a terra   a flat
   tyre
terreno   land, ground
testa   head
tiepido   lukewarm
timbrare   to stamp
tipo   type, kind
tirare: tira vento   it's windy
tornare   to return
torre (f)   tower
tosse (f)   cough
tra   between, among
tramezzino   sandwich
tramonto   sunset
tranquillo, -a   calm, peaceful
trattato   treaty; treated
trattoria   restaurant, country inn
triste   sad
troppo   too much
trovare   to find
il tuo, la tua, i tuoi, le tue   your,
   yours
tuonare   to thunder,
   tuono   thunder
turno   turn, chiuso per
   turno   closed by rota
tutto   all, everything

uccello   bird
ufficiale   official

ultimo, -a   last, latest
umido   humid, damp
un, uno, una   a, an, one
usare   to use
uscire   to go/come out

vaglia postale   postal order
valigia   suitcase
valuta   currency
vaporetto   water-bus, steamboat
variare   to vary
vecchio   old
vedere   to see
vedovo, -a   widower, widow
vendere   to sell
venire   to come
vento   wind
verde   green
versamento   (commerce) deposit
vestirsi   to get dressed
vestito   dress, suit
via   road, street
viaggiare   to travel
vicino, -a   near, nearby;
   neighbour
vietato   forbidden
villeggiatura   holiday, vacation
vincere   to win
viola   violet
vivanda   food
vivere   to live
volere   to want
volta   time, una volta   once

zona   area

English–Italian

The Italian translations given, apply only to the meaning of the word as used in the book.

about circa
to accept accettare
account conto
ache male, dolore
address indirizzo
to admit ammettere
to advise consigliare
again ancora
against contro
age età
agreement accordo
air aria
to allow permettere
also anche, too
always sempre
among tra, fra
to amuse (oneself) divertirsi
amusement divertimento
announcement annuncio
application domanda
to apply iscriversi
area zona
to arrive arrivare, *arrival* arrivo
to ask domandare
assistant (shop) commesso, -a
to attend frequentare
attorney avvocato
avenue corso, viale
to avoid evitare
awake sveglio, -a

bad cattivo, -a
badly male
bag borsa
to bathe fare il bagno
bathroom bagno
bay leaf alloro

to be essere
beach spiaggia
beach attendant bagnino
beautiful bello, -a
because perché
bed letto
bedroom camera
to begin cominciare, iniziare
behind dietro
bell (door) campanello
belt cintura
better meglio, migliore
between tra, fra
big grande
bill conto
bird uccello
bite (insect) puntura
bitter amaro, -a
black nero, -a
blanket coperta
blood sangue (m)
blouse camicetta
blue azzurro, *navy blue* blu
boarding house pensione
boat barca, battello
book libro, *to book* prenotare
booking prenotazione
bottle bottiglia
box scatola
breakfast colazione (f)
breeze brezza
bridge ponte (m)
brown marrone
building edificio, palazzo
burning scottatura
busy occupato, -a
but ma
to buy comprare

to call chiamare
calm calmo -a, tranquillo -a
campsite campeggio
can lattina; to be able potere
card carta, (post-) cartolina
carrier (bag) borsa di plastica
to carry portare
cash (desk) cassa, to
  cash prelevare
cashier cassiere, -a
cat gatto
category categoria, classe
cathedral duomo
certainly certamente, certo
to change cambiare
charcoal carbonella
to check controllare
cheque assegno
child bambino, -a
choice scelta
church chiesa
circle platea
clean pulito, -a
clear (sky) sereno
clock orologio
to close chiudere
closed chiuso, -a
clothes, clothing abbigliamento
cloud nuvola
cloudless sereno
code (postal) codice,
  (phone) prefisso
coin moneta
cold freddo, -a
colour colore
to comb (one's hair) pettinarsi
to come venire
comfortable comodo
compress impacco, compressa
to communicate comunicare
to confirm confermare
connection (eg.
  train) coincidenza
contrary contrario, opposto

to cook cucinare
cool fresco, -a
to cost costare
cough tosse (f)
country paese (m)
couple coppia, paio
course corso
cow mucca
craft (eg. boat) imbarcazione
to cross attraversare
to cure curare
currency valuta
current account conto corrente
cylinder (gas) bombola

daily giornaliero, -a
dangerous pericoloso, -a
dark scuro, buio
dawn alba
dear caro, -a
delay ritardo
to deliver consegnare
to depart (to leave) partire
department store grande
  magazzino
departure partenza
to deposit depositare
to describe descrivere
detail dettaglio
to dine cenare
dining room sala da pranzo
dinner cena
directly direttamente
directory guida telefonica
dirty sporco, -a
to disappear scomparire
discount sconto
dish piatto
dissatisfied scontento, -a
divided (by) diviso
divorce divorzio,
  divorced divorziato, -a
to do fare, done fatto
doctor dottore, dottoressa (f)

dog cane
door porta
double doppio, -a
down giù, *down there* laggiù
dozen dozzina
to draw pareggiare
dress abito, vestito
to drink bere, *drink* bevanda
drinkable potabile
to drive guidare
drop goccia
dry secco, -a; asciutto, -a
damp umido, -a
during durante
dust polvere
duty dovere

each ogni, ciascuno
early presto; in anticipo
east est, *eastern* orientale
easy facile
to eat mangiare
elderly anziano, -a
elevator ascensore
to enclose accludere
to encourage incoraggiare
end fine (f)
engaged occupato, -a
to enrol iscriversi
to enter entrare
envelope busta
error errore, sbaglio
evening sera
every ogni
everything tutto
everywhere dappertutto
exactly esattamente
except eccetto
to excuse scusare
expensive caro, -a
to explain spiegare
extended esteso, -a
eye occhio

factory fabbrica
faculty facoltà
fairly abbastanza
fan tifoso, -a
far lontano
fare tariffa, prezzo del biglietto
few pochi, poche
filled imbottito, -a
filling ripieno
to find trovare
to finish finire
fireman pompiere
first primo, -a
flag bandiera
flat appartamento
floor piano
flower fiore (m)
fog nebbia
to follow seguire
food cibo, cibi, alimento
foodstuffs alimentari
foot piede
football calcio
for per
forbidden proibito
foreign, foreigner straniero, -a
to forget dimenticare
form modulo, formulario
free libero, -a; *free of
  charge* gratuito, -a
fresh fresco, -a
fridge frigo(rifero)
friend amico, -a
frozen congelato, a
to function funzionare
funny buffo
furnishing arredamento
further (on) avanti

gallery (theatre) loggione
garage autorimessa/garage
garden giardino
girl ragazza

to give dare
glasses occhiali
to go andare
good buono, -a
graduated laureato, -a
green verde
greet salutare, *greeting* saluto
grey grigio, -a
gymnasium palestra

to hail grandinare,
  hailstone grandine
half mezzo
hello ciao, (*telephone*) pronto
happy felice
harbour porto
to have avere
health salute
to hear sentire
heating riscaldamento
heavy pesante
help aiuto, *to help* aiutare
high alto, -a
to hire noleggiare; prendere in
  affitto
home casa
honest onesto, -a
hospital ospedale
hot caldo, -a
hotel albergo
hour ora
housewife casalinga
how come
however però
hunger fame
hurry fretta

ice ghiaccio
illness malattia
to improve migliorare
included incluso, -a
to increase migliorare
indisposition disturbo
to inform informare

injection iniezione
inland entroterra
inn locanda
insect insetto
interrupted interrotto, -a
iron ferro
irritated irritato, -a

jam (*traffic*) ingorgo
to join unire
to joke scherzare
jumper maglietta

to keep (*oneself*) mantenersi
key chiave (f)
kilo chilo
kind gentile; tipo
kiosk (*telephone*) cabina;
  (*newspaper*) edicola
kitchen cucina
to know sapere, conoscere

labourer operaio
land terra
language lingua
large grande
last ultimo, -a
late tardi
to laugh ridere
law legge
lawyer avvocato
lead piombo
to learn imparare
leather pelle
to leave lasciare
left sinistra
length lunghezza
less meno
to let affittare, dare in affitto
licence (*driving*) patente
lift ascensore, elevator
light leggero, -a
lightning lampo
to like piacere, *like* come

to link   collegare
to listen (to)   ascoltare
little   piccolo, -a
to live   vịvere, (*inhabit*) abitare
long   lungo, -a
to look (at)   guardare
to lose   pẹrdere
low   basso, -a
luggage   bagaglio
lukewarm   tiẹpido, -a
lunch   pranzo, seconda colazione
luxury   di lusso
machine   mạcchina
magazine   rivista
mail   posta
mailbox   buca della posta
main   principale
majority   maggioranza
to make   fare
to manage   gestire
management   direzione
many   molti
married   sposato, -a
match   partita
meal   pasto
to mean   significare
meat   carne
medium   medio, -a
to meet   incontrare
memorandum   promemoria
midday   mezzogiorno
midnight   mezzanotte
mild   leggero, -a
mine   il mio, la mia, i miei, le mie
mineral   minerale
minus   meno
mirror   specchio
mistake   sbaglio
mistaken   sbagliato
mixture   misto
money   denaro, soldi
more   più, di più
morning   mattino, mattina
motorway   autostrada

much   molto, -a
must   devo, devi, deve etc.
my   il mio, la mia, i miei, le mie

name   nome (m)
named   chiamato, -a
narrow   stretto
near   vicino
necessary   necessario, -a
to need   avere bisogno (di)
never   mai
new   nuovo, -a
news   notizia
newspaper   giornale
next   prọssimo, -a
nobody   nessuno
north   nord,
   norther   settentrionale, del
   nord
note   nota
notice   avviso
now   adesso, ora
nuisance   noia
nurse   infermiera

office   ufficio
often   spesso
oil   olio
ointment   pomata
old   vecchio, -a
only   solo, soltanto, solamente
open   aperto, -a
opposing   avversario
opposite   contrario, -a; opposto,
   -a
or   oppure, o
orange (colour)   arancio
orangeade   aranciata
to order   ordinare
other   altro, -a
our   il nostro, la nostra, i nostri,
   le nostre
outside   fuori
oven   forno

own proprio, -a

pace passo
packet pacchetto
pair paio
parcel pacco
pardon? prego?
park parco, *car*
  park parcheggio
party festa
to pass passare
to pay pagare
payment pagamento
peaceful tranquillo, -a
performance rappresentazione
  (f) spettacolo
petrol benzina
physician medico; dottore,
  dottoressa
piece pezzo
pink rosa
pity peccato
place posto
platform binario
play commedia
pleasant simpatico, -a; piacevole
please per favore
pocket-size tascabile
polite gentile
pool piscina
porter facchino
post office ufficio postale/posta
practise pratica
to prefer preferire
preparation preparazione
to prepare preparare
to prescribe prescrivere
present (*gift*) regalo
price prezzo
prohibition divieto
promenade passeggiata
to put mettere

quay scalo
question domanda

race gara
radiator radiatore (m)
rain pioggia
rate tasso
rather piuttosto
to read leggere
real vero
to realise accorgersi
reasonable ragionevole
receipt ricevuta, scontrino
reception (*hotel*) portineria
red rosso, -a
reduced ridotto, -a
referee arbitro
to reflect riflettere
refuge rifugio
refund rimborso
regulation regolamento
to remain restare/rimanere
remedy cura/rimedio
to remember ricordare
remote remoto/lontano
to rent prendere in affitto/
  affittare
rental affitto
to re-open riaprire
request domanda/richiesta
to require richiedere
resort (*holiday*) località di
  villeggiatura
to return ritornare
right destra, (*law*) diritto
ripe maturo, -a
to rise (*to get up*) alzarsi
road via, strada
room camera
rough (*sea*) agitato/mosso
route percorso, via
rubber gomma
rule regola
to run correre

sad triste
sale svendita
same stesso, -a
sand sabbia
sandwich tramezzino
school scuola
seat posto
sea-front lungomare
to see vedere
selection assortimento
to sell vendere *sold* venduto
to send spedire/mandare
sender mittente
to serve servire
severe (*weather*) rigido
to shave farsi la barba
shirt camicia
shoe scarpa
shop negozio
shore spiaggia
short corto, -a
show spettacolo/
    rappresentazione
shower doccia
to shut chiudere
side lato
to sign firmare
signpost cartello
single (*ticket*) andata,
    (*room*) singola
to sit sedere/sedersi
sitting-room salotto
size (*shoe*) numero,
    (*clothes*) taglia
to ski sciare
skin pelle
to skip saltare
skirt gonna
sky cielo
to sleep dormire
slice fetta
slow lento, -a
to smoke fumare
snack spuntino/merenda

to snow nevicare
so così
some alcuni, -e; qualche
someone qualcuno
something qualcosa
sorry (*to be*) dispiacersi
south sud/meridione
southern meridionale/del sud
to speak parlare
specialised specializzato, -a
square piazza
stalls platea
stamp francobollo
to start cominciare/iniziare
to stay stare, rimanere
STD teleselezione (f)
sting puntura
to stop fermare, fermarsi
store (*department*) grande
    magazzino
storey piano
storm temporale
street, way via, strada
stride passo
straight dritto, -a
stroll passeggiata
to study studiare, *study* studio
substantial sostanzioso, -a
suit abito/vestito
suitcase valigia
sultry afoso, -a
sun sole (m)
supper cena
sure(ly) certo, certamente
surgery ambulatorio
surname cognome
sweater maglia
sweet dolce
to swim nuotare,
    swimming nuoto

table tavolo/tavola
tablet pasticca/compressa
to take prendere, *taken* preso

to talk   parlare
taste   gusto
teacher   insegnante
team   squadra
tent   tenda
term   termine/vocabolo
thanks   grazie
that   quello -a, che
theatre   teatro
then   allora; poi
therefore   quindi
thing   cosa
to think   pensare
thirst   sete (f)
this   questo -a
throat   gola
thunder   tuono
ticket   biglietto
tight   stretto -a
time   ora, tempo
timetable   orario
tin   lattina, scatoletta
tip   mancia
tired   stanco -a
today   oggi
together   insieme
toilet   toeletta, gabinetto
token (telephone)   gettone
tomorrow   domani
too   anche
tooth   dente
topic   argomento
towel   asciugamano
tower   torre (f)
town   città
to travel   viaggiare
treaty   trattato
tree   albero
trousers   pantaloni
tunnel   galleria
to turn   girare, turn   turno
type   tipo
typist   dattilografo, -a
tyre   gomma/pneumatico

t-shirt   maglietta

ugly   brutto -a
under   sotto
to undress   svestirsi/spogliarsi
unfortunately   sfortunatamente
unlimited   illimitato -a
unpleasant   antipatico -a
to use   usare
usual   solito, usually   di solito

vacant   libero -a
to vary   variare
vase   vaso
very   molto
village   paese/villaggio
violet   viola

to wait   aspettare/attendere
waiting room   sala d'attesa
waiter   cameriere,
   waitress   cameriera
to wake   svegliarsi
to walk   camminare
to want   volere
to wash   lavare, to wash
   (oneself)   lavarsi
to watch   guardare,
   watch   orologio
water   acqua
well   bene
west   ovest,
   western   occidentale
wharf   scalo
when   quando
where   dove
which   che, quale
while   mentre
white   bianco, -a
who?   chi?
whole   intero, -a
why   perché
wide   largo -a
to win   vincere

wind vento
window finestra
windscreen parabrezza
with con
to withdraw ritirare
without senza
woman donna
wool lana
to work lavorare, *work* lavoro
worried preoccupato -a
worse peggio, peggiore
to write scrivere,
  written scritto

yellow giallo -a
yesterday ieri
yet ancora
young giovane
your, yours (il, lo, la, etc.) tuo/
  suo/vostro
youth gioventù

Index

ITALIAN

LYDIA VELLACCIO and MAURICE ELSTON

A complete introductory course designed to help you achieve basic fluency in both spoken and written Italian.

This book assumes that you have no previous knowledge of Italian and takes you to the point at which you can read and write simple texts, and confidently take part in everyday conversations. The twenty-four units focus on communication in a whole host of practical situations and provide all the Italian you need when travelling, shopping, ordering a meal and generally living in Italy. Each unit has lively dialogues, which introduce useful vocabulary and grammar points, and exercises which test your understanding. You will also find a key to the exercises, a grammar index and an Italian-English vocabulary list.

TEACH YOURSELF BOOKS

BEGINNER'S FRENCH

CATRINE CARPENTER

Do you really want to learn French? Do classes terrify you and other coursebooks overwhelm you? Then *Teach Yourself Beginner's French* is for you!

Catrine Carpenter has written a friendly introduction to French that's easy right the way through. It's in two parts. The first teaches you the basic grammar you'll need, with lively dialogues, explanations and vocabulary. In the second you move on to practising what you've just learnt in a range of real-life situations.

Beginner's French is ideal for you because:

- Everything is explained in simple English.
- There are hints throughout to make learning French easy.
- There's lots of information about life in France.
- What you learn is useful right from the start.
- All the words are listed in the back of the book.
- There's a key to all the activities.
- There's a glossary of grammar terms in the index.
- There's a special section on French sounds.

It's never difficult or boring, so you'll be able to relax and enjoy your next trip to France!

TEACH YOURSELF BOOKS

BEGINNER'S SPANISH

MARK STACEY and ANGELA GONZÁLEZ HEVIA

Do you really want to learn Spanish? Do classes terrify you and other coursebooks overwhelm you? Then Teach Yourself Beginner's Spanish is for you!

Mark Stacey and Angela González Hevia have written a friendly introduction to Spanish that's easy right the way through. It's in two parts. The first teaches you the basic grammar you'll need, with lively dialogues, explanations and vocabulary. In the second you move on to practising what you've just learnt in a range of real-life situations.

It's never difficult or boring, so you'll be able to relax and enjoy your next trip to Spain!

TEACH YOURSELF BOOKS